スティグリッツ早稲田大学講義録

グローバリゼーション再考

藪下史郎　荒木一法 編著

光文社新書

まえがき

一九九〇年のバブル経済の崩壊以降、日本経済は長いトンネルの中にいたが、今年（二〇〇四年）になりやっと明かりが見えはじめた感がある。それまで日本経済が誇ってきたさまざまな制度は、この「失われた一〇年」と呼ばれた期間で大きな変革が迫られてきた。

こうした変革を不可避なものにしてきた一つの要因はグローバリゼーションであるが、日本経済はバブル経済崩壊以前からグローバリゼーションに直面してきた。グローバリゼーションの下、九〇年代、金融システムの不安定化と実物経済の低迷は互いに悪循環をもたらすと共に、経済政策の失敗が景気回復を遅らせてきた。実際に不況において銀行の不良債権問題を解決することは非常に難しい。金融システムの安定化のために公的資金を注入しようとする政策についても、メディアをはじめ一般国民がその経済的意味を理解していないことが、政府の対応を遅らせることになった。

またアジアの多くの国は、グローバリゼーションの利益を受けて「東アジアの奇跡」と呼ばれる経済成長を成し遂げたが、いくつかの国は一九九七年には通貨金融危機に見舞われた。この「東アジア危機」を引き起こした最も重要な原因も、グローバリゼーションであり、それに伴う資本市場の急激な自由化であった。

グローバリゼーションが急速に進む世界においては、政治面でも経済面でも、また地球規模でも地域的にも、新たな問題が次から次へと発生し、これまでの経済制度や政治制度ではそうした問題に対応することができなくなっている。

早稲田大学二一世紀COEプロジェクト「開かれた政治経済制度の構築（GLOPE）」では、経済学と政治学のそれぞれの枠を越え、またそれらを融合することによって、グローバリゼーションの下で生じるさまざまな問題を解決できるような政治経済制度をどのように構築すべきかについて新たな答えを見いだそうとしている。そして本プロジェクトでは、今年（二〇〇四年）四月二〇日、米国コロンビア大学教授ジヨセフ・E・スティグリッツ氏を早稲田大学に招き、国際会議場で公開シンポジウムとして講演会を行った。講演会には一〇〇〇人を越える聴衆が参加し、一部の人は同時中継された大隈講堂での聴講となったが、これは、いかに多くの学生や社会人がスティグリッツ教授の講義に関心を持っているかを示している。本書は、その講義を収録したものである。

スティグリッツ教授が前もって提示された講演題目は「国際金融機関の役割――成功と失敗、および改革への提言（The Role of the International Financial Institutions: Successes, Failures, and Reforms）」であったが、教授はより広く、グローバリゼーションが世界経済および途上国・旧社会主義国に及ぼした影響を論じ、そうした状況での国際機関、とくにＩＭＦなどの国際金融機関の役割やあり方について、ユーモアをまじえながら、エネルギッシュに聴衆に語りかけた。講義後の学生や一般聴衆との質疑応答をも含めた講演会は二時間弱であったが、瞬く間に終わってしまった感がするほど興味深いものであった。したがって本書の目的は、当日講演会に参加できなかった人々に講義内容を伝えることであり、かつ参加された人々にもスティグリッツ教授の講義を思い出し、グローバリゼーションに対する考え方を再考してもらうことである。

本講義の内容である「グローバリゼーションと国際機関」の問題について、スティグリッツ氏以上に雄弁に語れる人はいないであろう。スティグリッツ氏は、「非対称情報下の市場に関する研究」によって二〇〇一年にノーベル経済学賞を受賞したが、教授の研究分野は理論経済学から応用経済学まで幅広いものである。また氏の活動はアカデミックな分野だけでなく、米国の政府機関、各国政府、また国際機関にアドバイザー的な役割を果たしてきたが、一九九〇年代には実際に国内外の公共政策の策定に携わってきた。すなわち、九三年にクリントン政権の成立と同時に大統領経済諮問委員会の委員として、そして九五年からは委員長として、国内政策の策定と提言を行ってきた。また九七年に諮問委員会委員長を辞して、世界銀行の上級副総裁兼チーフエコノミストについた。二〇〇〇年まで世界銀行においては、グローバリゼーション下での途上国や市場経済への移行期にある旧社会主義経済の現状をつぶさに見ると共に、さまざまな提言を行ってきた。とくにＩＭＦのとる政策に対する厳しい批判は多くの物議を醸《かも》し出し、アメリカ政府やＩＭＦなどからの大きな反発を受けてきた。本講義の多くは氏のそうした経験に基づくものである。

本書の刊行は、スティグリッツ教授の講演を直接聴かれた光文社の古谷俊勝氏の薦めによるものである。スティグリッツ氏はこの講義を原稿なしで行ったため、われわれはまず録音していた講義を原稿として起こし、その翻訳を荒木と藪下が共同でチェックした。本講義は、経済学に関しては素人であったり初心者である人たちにとっては、少々難しくかつなじみが薄い内容であるかもしれない。そうした読者のために本講義に加筆修正を行い、また理解を深めるために関連するデータを図表としてつけ加えた。さらには本講義およびスティグリッツ経済学に関する解説を荒木と藪下が加えることにした。こうした作業をする上では古谷氏に加えて若き編集者山川江美氏は読者側に立って多くの疑問点を指摘してくれた。その結果本書が大いに読みやすいものになったと確信するが、このことを両編集者に感謝したい。

藪下史郎

目次

第一部　スティグリッツ講義録

藪下　こんにちは。藪下史郎と申します。現在、私は早稲田大学政治経済学部の学部長でありまして、「開かれた政治経済制度の構築」を目指した早稲田大学二一世紀COEプログラムの責任者を務めています。

講義に入る前に、本日このシンポジウムのために早稲田大学に足を運んでくださった皆様に感謝を述べると共に、COEプログラムについて少々お話しさせていただきます。

本日、コロンビア大学のジョセフ・E・スティグリッツ教授を招き、特別講義を開く機会を得られましたことに、大きな喜びを感じています。このシンポジウムは、COEプログラムの主要な一行事として、また同時に、政治経済学部に本年度新しく国際政治経済学科が開設された記念行事として行われるものです。

COEプログラムの目的は、国々の政治経済のプロセスがますますオープンになり、相互依存を深めている今日、紛争を解決し、国際機関を創設し、そして国家間で政策を調整するための原則を探求するところにあります。このような目的のためには、これまで別々に考えられていた政治学、経済学、そして公共哲学の垣根を越えた新しいアプローチを発展させ、よりよい政治経済のシステムを構想する必要があります。この度の国際政治経済学科開設も、同じ理念から生まれたものです。

皆様の中には、先生の論文や教科書等を通じて、スティグリッツ教授のことをよくご存知の方もいらっしゃるでしょうし、先生が一般向けに書かれた最近の著作やその他メディアを通して先生のことをお知りになったという方もいらっしゃるでしょう。本日、先生は早稲田大学から名誉博士号を受けられましたが、授与式にも多くの方にご参加をいただきました。そこでも先生についての経歴が紹介されましたので、ここでは簡単にご紹介させていただきます。

スティグリッツ教授は、アメリカにおけるリベラルアーツ・カレッジとしてはトップクラスの大学として知られております、アマースト大学をご卒業されました。ご存知の方もいらっしゃると思いますけれども、アマースト大学の卒業生には同志社大学の創始者である新島襄などがおります。

その後、先生はマサチューセッツ工科大学（ＭＩＴ）の大学院に進まれまして、そこでポール・サミュエルソン教授、ロバート・ソロー教授という二人のノーベル賞受賞者と共に研究活動に従事なさいました。MITで博士号を取得なさった後、まずイエール大学で教鞭をとられました。その後スタンフォード大、オックスフォード大、プリンストン大、そして再びスタンフォード大にて学生を指導なさいました。現在はコロンビア大で教鞭をとっていらっしゃいます。

一九九〇年代、先生は主にワシントンDCにてご活躍なさいました。クリントン内閣の大統領経済諮問委員会（CEA）の委員に加わり、後にその委員長（閣僚クラス）を務めました。その後、世界銀行に移られまして、一九九七年から二〇〇〇年までの期間、世界銀行の上級副総裁兼チーフエコノミスト（Senior Vice President and Chief Economist）を務められました。

先生の研究は経済学のさまざまな分野に及んでおりまして、たくさんの論文や著作を発表なさっています。それに加え、先生は世界中でベストセラーになっております経済学の教科書を執筆なさりました。これは日本語にも翻訳されています。さらに、先生は複数の研究機関や大学より、数多くの賞や名誉学位を受けられています。ここですべてを申し上げることはできませんけれども、その中から二つを挙げてご紹介すれば、一九七九年度には、アメリカ経済学会が四〇歳以下の優れた経済学者を二年ごとに選んでいる、ジョン・ベーツ・クラーク賞を受賞なさいました。そして皆様ご存知のように、三年前、二〇〇一年には、情報の経済学の研究への功績により、ノーベル経済学賞を受賞なさったわけでございます。

私がはじめてイェール大学のスティグリッツ教授の研究室で先生とお会いしたのは一九六八年の夏のことですから、三六年も前のことになります。先生は当時、若い助教授でいらっしゃいました。その二年後、二七歳で教授職に昇進されたわけです。これはイェール大学の歴史の中でも、二番目に若い教授の就任でありました。以来、スティグリッツ先生は全くお変わりなく、世界中を飛び回って、数多くの講演をこなし、かつ精力的に執筆活動を行っていらっしゃいます。今回もその一環であります。若々しく、エネルギッシュな人物でおられます。唯一つ変わった点といえば、多少白いものがおひげの中にまじりはじめたかなということぐらいでしょうか。

それでは、先生からご講義をいただきたいと思います。スティグリッツ教授はだいたい一時間ほどお話しくださいます。本日のご講演のテーマは、「国際金融機関の役割——成功と失敗、および改革への提言」というものです。

講義の後、質疑応答の時間をとり、皆様からのご質問をお受けしたいと思いますので、ぜひこの機会にさまざまなご質問をなさってください。それでは、先生、お願いいたします。ありがとうございました。

スティグリッツ　本日、ここ早稲田で皆さんにお話しできることをたいへんうれしく思います。実はこの講義のトピックは前々から決めていたのですが、今朝その内容を少し変更することにしました。

本日は、まず、グローバリゼーションについて、やや広く、そのさまざまな影響についてお話しし、国際金融機関をとりまく環境が現在どのようになっているのかを明らかにします。これは、いわば、国際金融機関という役者が演じる舞台を説明することでもあります。そして、舞台についての解説を終えてから、国際金融機関という役者が演じるべき役割、彼らが担うべき使命について、私の考えをお話しいたします。

そして、「国際金融機関はその使命を果たしてきたのか？」、また、「使命の実現に失敗したとすれば、その理由はどこにあるのか？」という問題を、とくにＩＭＦについて論じます。

一　グローバリゼーションの功罪

シアトルの暴動

グローバリゼーションという単語は、ごく簡単に言えば、「諸国家がより緊密に結びついたこと」を意味します。やや詳しく言いますと、輸送コストや情報通信コストが低廉化したことに加え、それまで国家間にあったさまざまな人為的な障害がなくなったことによって、国家間の資本、情報、財、労働などの移動が活発化したことを指します。

近年、グローバリゼーションに対する評価は、顕著に変化しました。一九九〇年代のはじめには、グローバリゼーションは世界中の人々に繁栄をもたらすものであると信じられていました。グローバリゼーションによって、世界中のすべての人々が富を得る、誰もが受益者になると考えられていたのです。当時、多くの人たちは、グローバリゼーションによってアメリカ型資本主義が全世界に拡がって、その結果、アメリカが実現したような繁栄を世界は享受することができるだろう、と考えていたのです。

しかし、このグローバリゼーションへの熱狂的な期待は長くは続きませんでした。九〇年代末、シアトルでの事件までには、多くの人がグローバリゼーションに不満を持っていることが明らかになっていました。

本来、シアトルは貿易交渉の新たなラウンド[*1]の幕開けとなるはずでした。これまで、貿易交渉は数次にわたって行われ、各ラウンドでは、多くの問題が一度に議論[*2]されてきました。

ちなみに、ラウンドの名称は、そのラウンドの最初の会議が開催される都市の名前がつけられることが多いのですが、時には会議のホスト国の大統領の名前をとってつけられることもあります。東京ラウンド、ウルグアイラウンド、ケネディラウンドという具合です。当時の大統領はクリントンでしたが、彼はこのラウンドを、シアトルラウンド、あるいは、できることなら、クリントンラウンドと名づけたがっていました。

しかし、今日、多くの人々にとって、この時の記憶として残っているのは、シアトルでの暴動でしょう。もちろん、暴動自体は望ましいものではありません。しかし、このシアトルでの抗議行動によって、非常に多くの人が、グローバリゼーションが向かっている方向性に失望している、という事実が明らかになりました。人々は、その理由こそそれぞれ異なっているのでしょうが、とにかくグローバリゼーションに大きな不満を抱いていたのです。*3

多くのエコノミストは、こうした不満は心理的なもの、ないし精神的なものだと考えていました。「なぜ、人々はグローバリゼーションによって豊かになったのに、それが認識できないのだろう」「みんな幸せになったはずなのに、どうして不満げに振舞うのだろうか」というように、エコノミストたちはグローバリゼーションに対する

〈図1〉　一人あたり実質GDPの成長率

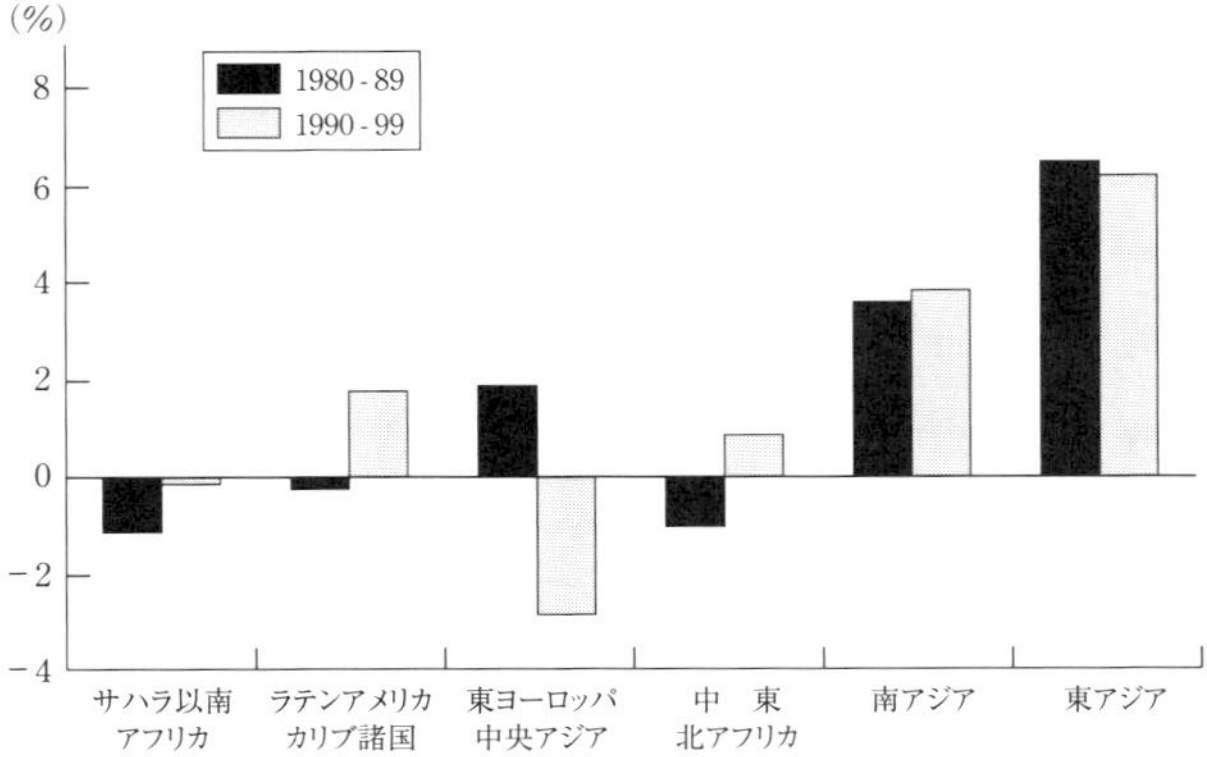

Stiglitz and Walsh, *Economics*, p.809

嫌悪感の原因を心理的な問題とみなしたのです。「反対者たちもグローバリゼーションによって幸せになったはずだ。実際に、幸せになったのだ。それを人々に納得させることこそ、われわれエコノミストの仕事なのだ」と考えていたのです。

しかし、やがて、実際に出てきたデータを検証することで、エコノミストたちは、なぜグローバリゼーションに不満が生じているのかということを正しく理解するようになりました。

その前の貿易交渉ラウンドである、ウルグアイラウンドが終了した一九九四年、世界銀行は、数次にわたる貿易交渉の受益者は誰だったか、そして損失を被ったのは誰だったかということについて調査を行っています。もちろん、最大の受益者はアメリカと欧州であるということは誰もが予想した通りでした。一方でこの調査は、誰もが受益者であったわけではなく、世界で最も貧しい地域では、これはほとんどがアフリカのサハラ以南の国々にあたるのですが、一人あたりGDPが二%から三%ずつ下落した、という事実をわれわれにつきつけました。

ウルグアイラウンドが終了してから数年たって、ウルグアイラウンドの協定によって、最も貧しい地域に住む数万、数十万という人々に医薬品を提供することが阻まれ、[*4]多くの人々が死亡していったのです。人々がグローバリゼーションに不満を抱く根拠は、非常にはっきりと存在したのです。

＊1　多国間で行ってきた関税の引き下げや貿易ルールを一括して取り決める協議のこと。通常、多角的貿易交渉と呼ばれる。

＊2　一九四七年に締結された関税および貿易に関する一般協定（GATT）の下で、ウルグアイラウンド（一九八六〜九四年）まで八回にわたって多角的貿易交渉が行われた。その後、一九九五年に世界貿易機関（WTO）が設立され、通称ドーハラウンド（二〇〇一年〜）が進行中である。

＊3　結局シアトルでは新ラウンドをスタートさせることができず、二〇〇一年にドーハラウンドが事実上スタートする。日本では、サッカーの「ドーハの悲劇」で有名な、カタールの首都ドーハが選ばれた理由の一つは、「シアトルのようなデモが起こりにくい」ことだったとも伝えられている。

＊4　ウルグアイラウンドの交渉結果を受け一九九五年WTOの下で発効したTRIPs協定は、著作権、特許などに代表される知的財産権について最低基準を設けるとともに、国際間の権利行使手続きおよび紛争処理手続きを定めた。その結果、途上国においてエイズやマラリアの治療薬が特許料のために高価になり、コピー薬の製造も制限されることになった。しかし、ここでスティグリッツが指摘するような問題点が広く認知されたため、二〇〇一年WTOドーハ閣僚会議で、コピー薬製造の条件が緩和されることになった。

〈図2〉　韓国における実質GDPと非識字率の推移（1970−2000年）

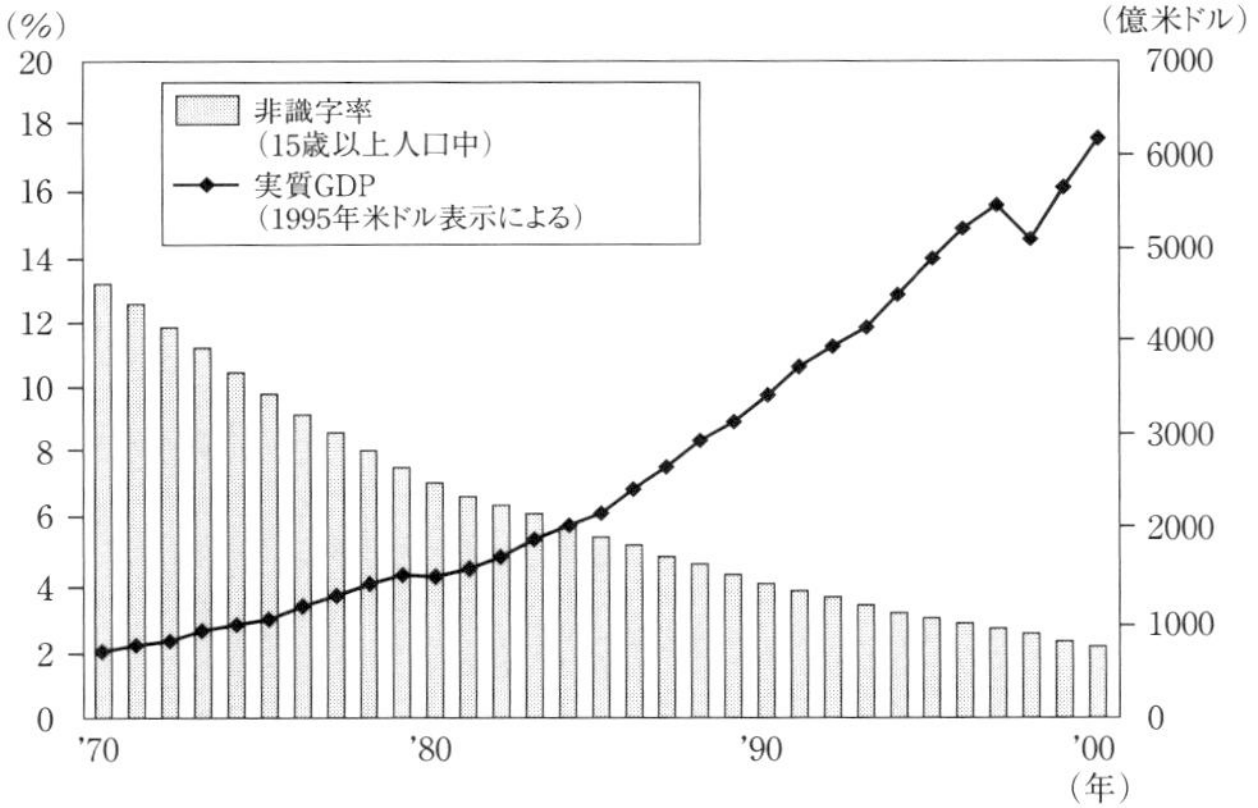

World Bank, World Development Indicators

東アジアの成功

一方、世界を見回すと、いくつかの国々は、グローバリゼーションによって多大な富を得たということもはっきりしました。最も成功した地域、誰も予想できなかったほどの発展を遂げた地域が、東アジアでした。韓国では、東アジア危機の影響があったにもかかわらず、三五年間でGDPは八倍にも増加しました。単に急速な成長が実現しただけでなく、その果実が広く国民に行きわたりました。識字率は、ほぼ一〇〇％となり、公衆衛生が改善し、貧困層は急減しました。

東アジアの成長におけるグローバリゼ

ーションの貢献は大きかったと言えましょう。グローバリゼーションによって、輸出が増大し、国際技術へのアクセスが可能になったのですから。その意味で、東アジアはグローバリゼーションの大きな受益者だったのです。

しかし、グローバリゼーションと東アジアの成功を安易に結びつけてはなりません。これらの国々は、グローバリゼーションを独自の視点で定義し、その設計をみずから行ったという点で、ほかの発展途上国とは大きく異なっていました。たとえば、経済発展の初期の段階では、経済を不安定にさせる急速な資本の流入・流出を防ぐために、資本市場を自由化しませんでした。ＩＭＦの出した助言を、全部そのまま受け入れることはせず、取捨選択を行ったのです。

彼らは、市場にすべてを任せるべきだという市場原理主義には耳を貸さず、政府が重要な役割を果たすべきだと考えました。政府はさまざまな産業政策を実施し、その結果、技術移転が進み、先進国との間に存在した知識水準の格差が縮小したのです。

今日、途上国と先進国を分けているのは、物的な資源量の格差だけではなく、知識水準の格差です。政府は、知識の格差を是正する上でたいへん重要な役割を果たすことができますし、東アジアの諸国では、政府が実際にその役割を果たしたのでした。世界中を見回しても、東アジアほどグローバリゼーションが成功した例は見あたりません。

アルゼンチンとチリ　明暗を分けたもの

一方、過去一五年間のラテンアメリカにおけるグローバリゼーションのための諸改革は失敗であった、という意見が今日では多数派を占めています。かつて最も成功裏に改革を推し進めているとみなされた国はアルゼンチンでしたが、そのアルゼンチンで何が起こったか、皆さんもよくご存知だと思います。そうです、アルゼンチン経済は崩壊してしまったのです。

一九九九年、ＩＭＦはアルゼンチンのメナム大統領をワシントンの年次総会に招待しました。ＩＭＦでは、毎年総会を開き、各国代表である財務相と中央銀行総裁、そしてＩＭＦの理事が集まり、重要政策の決定を行います。ＩＭＦは、よき指導者とはどのような人物かということを各国に知らしめるために、ワシントンにメナム大統領を招待したのです。この国、この政策こそが模範であり、経済的な繁栄をもたらすのだと褒め上げたのです。

今となっては、ラテンアメリカ諸国の人々も、「ＩＭＦ大学」の最優等生にあんなことが起こったのならば、われわれはもうそんな大学などに通いたくないと言っています。危機の後では、ＩＭＦはこう言うでしょう。「ああ、あの国はひどい」「あの政権は腐敗まみれだったからああなってしまったのだ」と。しかし、政権が腐敗していたことは以前からよく知られていたことでした。それを無視して、模範生扱いしたのがＩＭＦだったのです。

ラテンアメリカ諸国は、最も忠実にＩＭＦの助言に従ってきた国々でありました。現在、われわれは、過去一〇年以上にわたるデータを持っており、そこで何が起きていたのかを検証することができます。九〇年代のラテンアメリカ諸国の成長率は、諸改革の実施前、すなわちグローバリゼーションを推し進める前（一九五〇、六〇、七〇年代）と比較すると、ほぼ半減していることが分かります。過去五年間、ラテンアメリカ諸国はいわゆる「失われた五年」に直面しました。多くの国々で経済は停滞し、国民一人あたりの所得は減少したのです。

成長した国においても、成長で得られた利益を享受したのは、主に上位一〇%から三〇%にあたる富裕層に限られ、貧困問題は緩和しませんでした。それどころか、いくつかの国では、総人口に占める貧困層の割合が上昇してしまったのです。失業率が上昇し、雇用保証のないインフォーマル部門で働かざるをえない人の割合も増加しました。以上のような理由で、先ほど指摘したように、最近では、ラテンアメリカ全域においてグローバリゼーションはうまくいかなかった、改革は機能しなかった、という見方が広く受け入れられています。

こういう話をしますと、「では、チリはどうだ?」と反論する人がいます。そのような時、私は、これは英語でよく使われる言い回しなのですが、チリは「ルールを証明する例外である」と答えることにしています。

一年以上前のことになりますが、私はチリを訪れ、ラゴス大統領にお会いした折、「自国の経済的成功をどう解釈しておられますか?」と質問しました。ちなみに彼は経済学者です。彼は私にこう答えました、「チリが成功したのは、ＩＭＦの助言に従わなかったからです」と。彼らはワシントン・コンセンサス[*5]には従わなかったのです。もっと正確に言えば、東アジアがＩＭＦの助言について取捨選択をしたように、彼らもやるべきこと、やるべきではないことをみずから選択し、実行したのです。

チリの経済は小規模ですから、成長のためには、貿易を相当程度自由化することは不可欠でした。しかし、資本市場については自由化しなかったのです。成長が最も急速に進んだ一九九〇年から九七年の間、チリ経済は平均で年率七％以上の成長を遂げましたが、その間も資本移動には制限をかけていました。

また、チリは国営企業の民営化計画も、ＩＭＦが望んでいたほどには強く推し進めませんでした。国営銅山関連企業のおよそ半分しか民営化していません。この国の銅山関連企業は民間企業と同じくらい効率的に経営されています。唯一つの違いは、国営企業は同規模の民間企業に比べ、約一〇倍の収益を政府に納付することにあります。政府はそれを教育や公共サービスに使うことができるのです。他方、民間企業の利益の大部分はアメリカに送金されてしまうため、アメリカ経済を富ますだけです。

ラゴス大統領は、こうも言いました。「成功の秘訣は、ＩＭＦに言われたことを全

〈図3〉　アルゼンチンとチリの実質GDP成長率（1997−2003年）

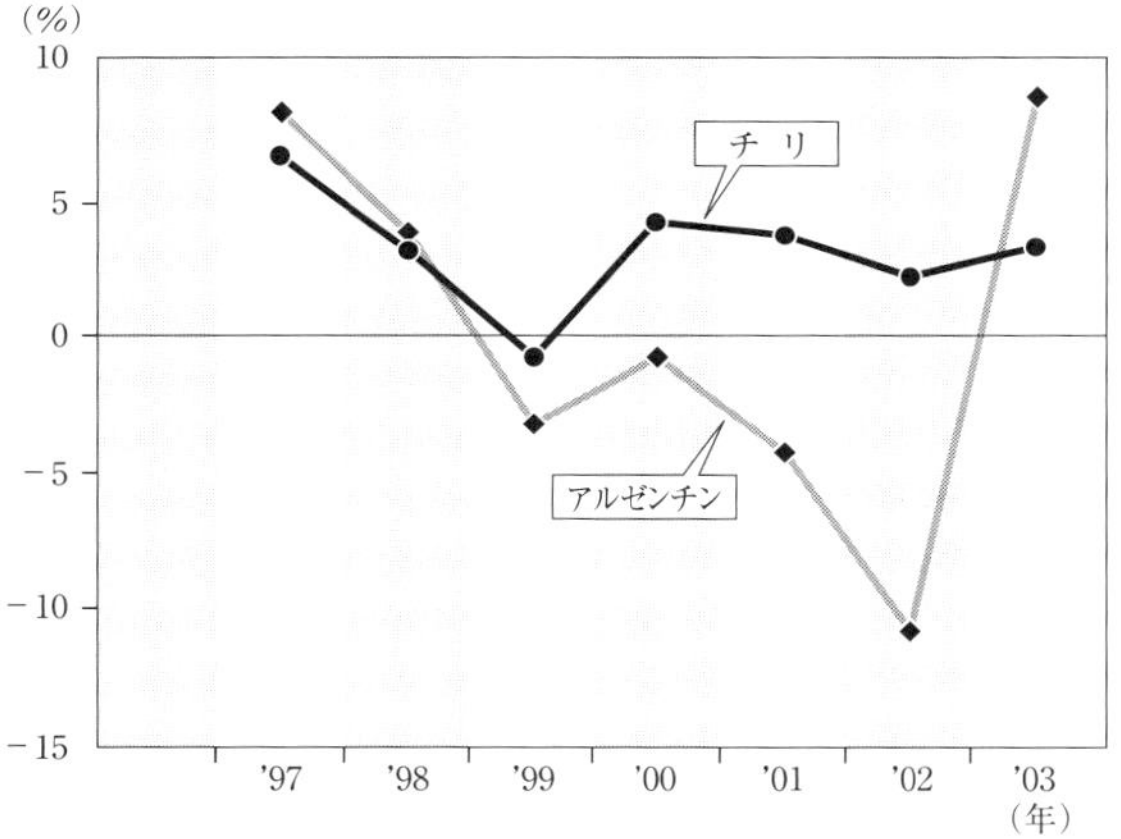

アルゼンチンとチリの実質GDPの推移（1997−2003年）

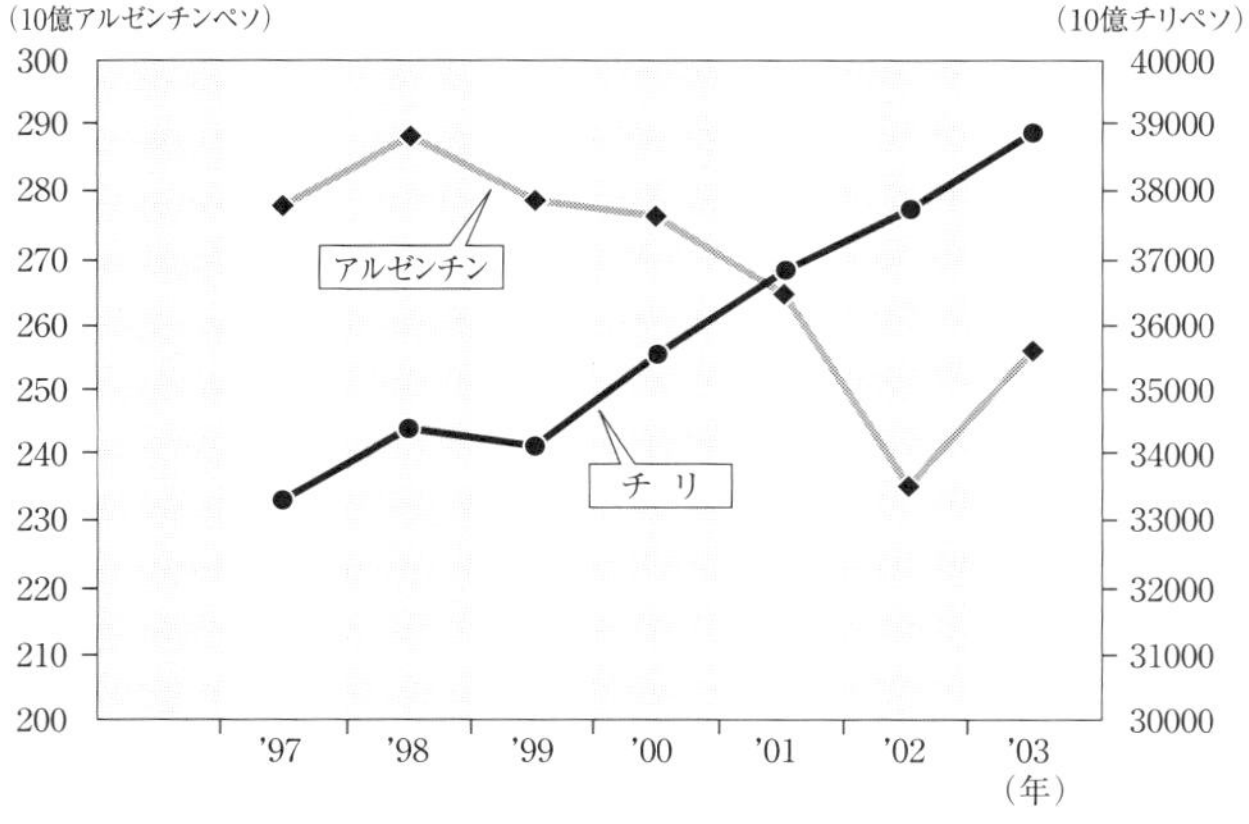

International Monetary Fund, World Economic Outlook Databases, April 2004

部はやらなかったということだけではなく、ＩＭＦに言われなかったことを数多くやったことにもあるのです」と。とくに教育と医療に力を入れ、教育と医療に関してはかなり強力なプログラムを導入しました。こうした政策は、社会の連帯感を強めると共に社会的安定をもたらし、その結果、よりよいビジネス環境が整えられることになったのです。

これらの物語が描き出していることは、グローバリゼーションは多大なる恩恵をもたらす可能性を持つ反面、それが適切に管理されない場合には、非常に大きなマイナス効果をもたらすこともあるのだ、ということです。

＊5　ワシントン・コンセンサスについては、第三部一四八ページにて解説。

二　国際金融機関の役割

相互依存の世界

グローバリゼーションは多くの問題、つまり貿易分野における問題、金融分野における問題、知的財産分野における問題などを引き起こしました。そのいずれもが重要な問題なのですが、本日は時間の制約もございますので、金融市場と国際金融機関に焦点を絞ることにします。

国際金融機関の中で最も重要なのはＩＭＦ[*6]、世界銀行[*7]、バーゼル委員会[*8]でしょう。これらは公的な国際機関であります。

冒頭に申し上げたように、過去一〇年間で、国々の交流、つながりは一層緊密になり、グローバリゼーションは急速に進展しました。グローバリゼーションの進展によって国々が活発に交流し、一層相互依存性を強めていくと、国々が一体となって行動する、すなわち集団的行動の必要性が高まります。相互依存関係にある時、ある一人が何かするとその影響が他の人々にも及びます。同じようにある国が何かするとその影響はほかの国々にも及ぶのです。その時、グループとして、集団として問題に取り組む必要性が一層高まるのは当然です。このことが公的な国際機関の存在理由なのです。公的な国際機関は各国の利害を調整し、必要なコーディネーションを実現するために存在するのですが、グローバリゼーションは、こうした国際機関の役割を一層重要にしているのです。

では国際機関は、具体的にどのような役割を担うべきなのでしょうか。まず、その担うべき役割を確認した上で、重要な問題を二つほど論じます。一つは、国際機関は、実際にその担うべき役割を果たしてきたのか、という問題です。もう一つは、国際機関における意思決定過程が、その担うべき役割を果たすことができるように設計されているか、という問題です。それでは、まず、私の議論の前提となる国際機関が担うべき役割について考えてみることにしましょう。

＊6　International Monetary Fund（国際通貨基金）。一九四五年に、主として国際的な金融協力や外国為替市場の安定を図り、国際経済の安定を実現する目的で発足した。

＊7　正式名称はInternational Bank for Reconstruction and Development（国際開発復興銀行）。一九四五年に、戦後の経済復興や途上国開発を図るため、金融市場での資金調達が困難な政府や民間企業に対し長期融資を実施する機関として設立された。

＊8　スイスのバーゼルにあるBank for International Settlements（ＢＩＳ 国際決済銀行）内に設置された銀行監督委員会。国際業務を営む銀行に対する自己資本規制等諸規制の国際基準を設定する役割を担う組織。この委員会による規制を、日本ではＢＩＳ規制と呼ぶことが多いが、正式名称はBasel Capital Accordで、国際的にはバーゼル合意(Basel Accord）と呼称されることが多い。

見えざる手など存在しなかった

「国際機関は、主として国際公共財の供給や国際外部性が引き起こす諸問題に取り組むべきである」という見解があります。この見解について、少し詳しく説明します。公的機関が担う役割についての「考え方」は、公共経済学の標準的な教科書[*9]でこう論じられています。「民間部門が市場メカニズムを利用して対処すべき諸問題がある一方で、協調的な集団行動が必要な場面、すなわち公的機関による行動が必要になる場面が多々存在する」と。すなわち、民間部門が市場でうまく処理できない問題をうまく処理するのが公的機関の役割というわけです。こう聞くと、「あたり前じゃないか」と思われるでしょう。そう、本当に単純なアイデアです。

でも、その背後には、おそらく経済学で最も根本的なアイデア、アダム・スミスの「見えざる手」があるのです。アダム・スミスは、「各人がみずからの利益を追求することによって、見えざる手に導かれるがごとく経済効率性が達成されるのだ」と論じました。彼は市場を通じて「社会正義や平等が実現される」とは言わなかったことに注意してください。ただ、少なくとも経済効率性が得られるという利点がある、と主張したにすぎません。

経済学者たちは、アダム・スミスの主張が正しく、市場によって経済効率性が実現するのは、どのような条件がそろう時なのかについて、長い間研究を続けました。しかし、その答えを出すには一五〇年以上の年月を要したのです。二〇世紀の半ばになって、ようやくアローとドブリューによって出された答えは、「厚生経済学の基本定理[*10]」と呼ばれています。

経済学者たちは、また、多くの場面で、市場が効率的な資源配分の達成に失敗することを示し、「市場の失敗」の諸要因を特定化しました。市場が失敗する要因として最も明らかなのが、「外部性[*11]」が存在する場合です。たとえば、環境汚染のケースを考えてみましょう。汚染源の民間企業は、環境を守ろうというインセンティブを持っていません。したがって、政府の介入がなければ、社会的に望ましい水準以上に汚染は進行してしまいます。こうした場合、公共の利益の実現のため、政府が重要な役割を果たさなくてはならないのです。

私が、情報の経済学に関する一連の研究で明らかにしてきたことは、「市場の失敗」は当初考えられたよりもずっと広範に起こりうる、ということでした。私は、コロンビア大学の同僚、ブルース・グリーンワルド教授との多くの共同研究を行ってきましたが、その共同研究の成果の一つは、「見えざる手はなぜ見えないのか。それは、見えざる手など存在しないからだ」というものでした。そもそも最初から、見えざる手なんていうものはなかったのです。

この点を少し、補足しておきます。われわれが生きているこの世界では、情報はほとんどの場合、不完全です。誰もが同じ情報を持っている状態、経済学では「情報が対称であるケース」と言うのですが、そんな状態は絵空事にすぎません。つまり、ある人が他の人々が知らないことを知っている、ただそれだけで情報は対称ではなくなります。情報の非対称性が存在すると、市場が不完備となり、アダム・スミスの見えざる手は働かず、競争市場は効率的資源配分を実現できません。[*12]「見えざる手」がうまく働く環境は、実は非常に限られていたのです。逆に言いますと、市場の失敗は非常に広範に起こるのです。そして、「市場の失敗」があるところには、公的部門の果たすべき役割があるのです。

＊9　ジョセフ・E・スティグリッツ著、藪下史郎訳『スティグリッツ　公共経済学』上

下巻、東洋経済新報社（それぞれ二〇〇三、二〇〇四年）などを参照されたい。

＊10　厚生経済学の基本定理と市場の効率性については、第三部一四七ページにて解説。

＊11　外部性については、第三部一七二ページより解説。

＊12　情報の非対称性がなぜ市場を不完備にするのか、第三部一六二ページより解説。

一国の「経済の安定」はグローバルな外部性を持つ

しかし、ここで次の問題が生じます。公的機関が対処すべき「市場の失敗」と一言で言っても、地方政府のレベルで扱うべきものもあれば、中央政府のレベルで扱うべき問題もあります。また、グローバルなレベルで対処すべきものもあります。グローバルなレベルの公的機関が何をするべきなのか、を考えることが、今日の話のコンテクストになります。

ここでも、公共経済学が答えを導いてくれます。公共財の中には、あるごく狭い地域に住む人々だけに影響を及ぼすものがあります。たとえば、局地的な環境汚染とか、地域の図書館などは、ごく限られた狭い地域に住む人々にしかその被害や恩恵が及びません。そのような外部性には、その地域での協調的な集団行動によって対処し、問題を解決するべきです。

また、国家のレベルで対処すべき問題もあります。さらに、大きなレベルで対処すべき諸問題、国際公共財、グローバルな外部性にかかわる諸問題もあります。

グローバルな外部性の中でも、とりわけ重要な問題の一つは、地球環境問題です。地球上に生きるわれわれは皆、大気を共有しています。この問題に対しては、グローバルなレベルでの協調行動によって対処すべきであり、京都議定書（一九九七年採択）の目的もそこにありました。しかし、アメリカは京都議定書に背を向けてきました。

民間企業や個人は、みずからの行動が地球環境に及ぼす悪影響を十分に考慮せず、大気を汚染し、温室ガスを排出してきたため、地球温暖化が進行しました。もし地球温暖化がさらに進行すれば、われわれ誰もが多大な悪影響を受けることになるのです。

そのため、グローバルなレベルでの協調的な集団的行動が必要とされたのです。京都会議では、必要とされる協調行動を実現することが試みられました。しかし、最大の汚染物質排出国アメリカがこの枠組みから離脱してしまったのです。

さらにもう一つ、大変重要な国際公共財、あるいはグローバルな外部性にかかわる問題があります。それは、「国際社会の安定」です。「国際社会の安定」には、「政治的安定」と「経済的安定」があり、二つは互いに密接に関連しているのですが、ここからは問題を「経済の安定性」に絞って話を進めます。

「経済の安定性」がグローバルな性質を持つこと、グローバルに取り組むべき問題であるということは、私たちが経済危機について語る際、よく使う表現からも明らかです。たとえば、ＩＭＦは、ある一地域の経済危機に、ＩＭＦとして対応に乗り出す必要性があると主張します。その時彼らは、その理由を「経済危機は伝染してしまうからだ」と説明します。

この「伝染（Contagion）」という表現は一般的にはどのような意味で使われる言葉でしょうか。それは、公衆衛生上の問題が発生した際、具体的には、人から人へうつる病気が発生した時に使われる言葉ですね。経済危機はいわば「伝染病」なのです。伝染病ならば、それが新たな患者にうつって拡大していくことを阻止しなくてはならないのは当然です。同じように、ある国で経済危機が生じた場合、それは伝染病のように他国へ拡がって行く恐れがあるわけです。経済危機の拡大は、何としても食い止めなくてはなりません。

このような理由で、一国の「経済の安定」はグローバルな外部性を持っているということが言えます。グローバルな外部性がもたらす問題に対処するには、グローバルな対応、すなわち、国際的な協調行動が必要です。それを実現する重要な役割を国際金融機関は担っているのです。国際金融機関は、グローバルな影響を持つグローバルな市場の失敗に適切に対処することが求められているのです。

これで、国際金融機関が「担うべき役割」を明確にすることができました。これから、先ほど皆さんに予告しましたように、「国際金融機関は、その果たすべき役割を十分に果たしてきたのか?」という問について私の見解を述べたいと存じます。

意思決定過程に関する問題

しかし、その問題に立ち入る前に、もう一つの論点、第二の論点について、少し補足しておきます。先ほどお話ししたことを思い出していただきたいのですが、私が今日取り上げる第二の論点は、「国際機関における意思決定過程は、その担うべき役割を果たすことができるように設計されているか?」という問題でした。なぜ、意思決定過程を問題にするのか、その理由を皆さんにご理解いただくために、少しだけ、「集団的意思決定」についてお話しいたします。

皆さんは、「集団的意思決定」が必要になった時、どのような方法をとるべきなのでしょうか。これは、なかなか難しい問題です。たとえば、われわれが家庭の中で、自分自身にだけかかわる問題で、意思決定を行うのはさほど難しくはないでしょう。つまるところ、自分がやりたいことを選べばよいわけです。経済学の教科書風に申しますと、自分の効用を最大化すればよいのです。これは、私が皆さんに「自分がやりたいことをやりなさい」と言っているのと同じです。

しかし、集団行動を決めるのはそう簡単ではありません。同じ集団に属する人々の間で何をすべきかについて意見が異なるからです。もともと意見の対立があるからこそ、われわれは集団的意思決定をしなくてはならなくなったのですから。今日では、集団的意思決定は、民主的なプロセスを経て行われなければならない、われわれはそう考えているでしょう。もちろん、民主主義にも限界があります。それにいくつか問題があることも確かです。しかし、集団的意思決定において民主主義は最善のシステムであるとわれわれの大多数は信じておりますし、また、実際のところ、すべての人の利害が反映される意思決定方法は、長い目で見れば、民主主義的方法のほかないのです。

これは国際的なレベルでの集団的意思決定にもあてはまります。国際的なレベルにおいても集団的意思決定は民主的に行われなくてはなりません。しかし残念なことに、国際的なレベルでは、真に民主主義的な意思決定を行うというコミットメントが欠如しているのです。意思決定が真に民主的に行われるようにその過程が設計されていないのです。後ほど詳しくお話しいたしますが、国際金融機関の意思決定過程が根本的に非民主的であることから、さまざまな問題が生じています。もちろん、国際金融機関においても、投票によって意思決定が行われます。しかし、その投票ルールは、われわれが通常民主的な原則と呼ぶようなものではないのです。

今日は、私が抱いております二つの懸念、国際金融機関はそれが担うべき役割を本当に果たしているのか、そして、その意思決定過程があるべき姿とどう異なっているのか、についてお話しいたします。先ほど申し上げたように、このような観点から検討すべき国際金融機関は複数ありますが、とくにＩＭＦに絞ってお話しいたします。

三　ＩＭＦはその使命を果たしてきたか

見失われた使命

ＩＭＦは、第二次世界大戦も終息へと向かっていた頃、世界経済の安定化を図るという目的で設立されました。その背景には一九二九年の大恐慌がありました。大恐慌で世界経済は負の連鎖に陥ってしまい、その結果、第二次世界大戦に突入していったのです。そこには国境を越えたグローバルな問題があるという認識が生まれました。

ある国の経済が弱体化し、景気後退が始まると、その影響は他の国にも及びます。ある国の景気が悪化すると、隣国の景気がそれに引っ張られ、悪化します。するとそれがまた、元の経済にはねかえってきて、その国の景気をさらに悪化させることになるのです。相互依存関係から、このような負の連鎖が生まれてしまうのです。

ケインズは、まさにこの負の連鎖の拡大を防ぐために、みずから指導的立場に立ってＩＭＦ設立に奔走したのです。ケインズは、グローバルなレベルで完全雇用を維持し、安定的な国際経済環境を実現するには、国際機関が必要であると考えました。その国際機関に対しては、景気後退に直面した国に十分な資金を提供し、その国の経済の収縮を防ぎ、負の連鎖を未然に防ぐことを求めました。タイヤの空気圧が低下した時に、空気を入れて空気圧を元に戻しますよね。同じように、国際機関が、マネーという空気を注入することで経済の収縮を防ぐべきだ、そうしないと危機が拡大してしまう、と考えたわけです。

しかし、設立から五〇年経ち、ＩＭＦはその使命を見失っています。その使命をみずから変更してしまったのです。本来の使命を投げ出して、新しい使命を担おうとしてきたのです。

大きな変化は一九七一年に起こりました。この年、第二次世界大戦以降続いてきた国際為替制度が崩壊したのです。戦後この年に至るまで、国際為替市場では、固定相場制がとられていました。各国通貨の為替レートは、金《きん》に対して固定されていました。すなわち、各国通貨はアメリカドルに対して固定され、アメリカドルと金の一定の交換比率での兌換性が保証されていたのです。この制度の下では、時折、固定為替レートの水準に各国経済の実態をあわせるよう調整を行うこと、あるいは、固定レート自体を変更しそれに見あう調整を行うことが必要となります。ＩＭＦの役割は、先進工業国から集めた資金で、調整が必要となった国に資金援助をすることでした。もしどこか一国が問題を抱えた場合、ＩＭＦはその国に対して十分な資金を提供し、必要な調整を促したのです。

拡大していく役割

一九七一年、世界で最も重要なアメリカ経済が危機に直面し、アメリカドルに対する信頼が失われてしまいました。*13 皆さんの多くは、今日の状況についてよくご存知だと思いますが、それに似ているかもしれません。人々はアメリカドルから逃避したいと思い、実際そうしたのです。するとアメリカドルはどんどん弱体化し、ついに、金との兌換性を維持できないことが明らかになりました。このため固定為替制度が維持不能となり、変動為替制度に移行したのです。

ＩＭＦは、もともと資本の国家間移動が制限され、固定為替制度が採用されているという環境で、その環境に対応した考えに基づいて設立されたものでした。それが突然、変動為替制度という新しい環境の中に放り込まれてしまったのです。加えて、資本移動に関する規制も徐々に緩和されはじめました。

ＩＭＦにとっての環境変化はほかにもありました。この頃から、経済危機はもっぱら、発展途上国で起こるようになったのです。ＩＭＦ設立当時は、まだ多くの発展途上国が植民地統治下にありました。そのため、現在もそれらの国々には発言権がほとんどありません。しかし、ＩＭＦの活動のほとんどが、経済危機の発生の場である途上国に移ってきたのです。

彼らは開発分野においての専門知識が十分ではないにもかかわらず、途上国開発のための融資（開発融資）に集中的に取り組むようになったのです。それは、ＩＭＦが途上国に対して、経済危機克服のための融資だけを行うのではなく、恒常的に、毎年継続して融資を行うことを意味しました。ある意味、途上国は恒常的に問題を抱えていたからです。要するに、貧しい途上国は、常に資金を欲していました。途上国にとって、ＩＭＦは、危機の時だけでなく、いつもどんな時も助けてくれる気前のよい兄のような存在になったのです。

そして一九八九年、ＩＭＦはさらに新しい役割を担うことになります。この年、ベルリンの壁が崩壊し、とてつもなく大きな世界的難問、旧共産主義諸国の市場経済への移行という問題に直面することになりました。ＩＭＦはこの難問にも取り組もうとしましたが、それは、ＩＭＦには全く不向きな役割でした。彼らは金融機関についての多少の知識はありましたが、市場経済への移行に関するより一般的な問題や構造問題についての専門的な知識は持っていませんでした。

実は、私、一昨日、モスクワからこちらに参ったのですが、今回のモスクワ訪問で、現在のロシアがＩＭＦの間違ったプログラムがもたらした負の遺産でいかに苦しんでいるかを再認識いたしました。ＩＭＦが九〇年代にロシアで行ったことに対して、彼らは深く恨んでいます。

その後も、ＩＭＦは発展途上国で繰り返し起きる経済危機に直面し、対応を迫られてきました。メキシコ危機、東アジア危機、ブラジル危機、ロシア危機、そしてアルゼンチン危機などです。実際、経済危機を全く経験しなかった国を見つけるのが難しいくらいです。この三〇年間に世界中で実におよそ一〇〇の危機が起きたと言われています。

＊13　日本やドイツなどの経済復興、さらにベトナム戦争のための戦費支出などが重なり、外国の対アメリカ債権（アメリカにとっての対外債務）が膨らみ、アメリカの金準備に対して過剰な水準に達していたため、アメリカ経済の弱体化をきっかけにドル危機が発生し

た。

ケインズの否定と市場原理主義

ここで、本日の第一の論点を議論することにしましょう。それは、国際金融システムの安定化を図る目的で設立されたＩＭＦが、その使命を果たしてきたのかどうかという問題です。しかし、一言で言えば、それは明らかに失敗しているのです。そうです、ＩＭＦは与えられた使命を変更し、その使命をみずから拡大させ、本来やるべき仕事に失敗してしまったのです。

この間、ＩＭＦは、根本的な考え方も変えてしまいました。ＩＭＦは本来、ケインズの考え方、すなわち「市場の失敗というものは非常に本質的なものなのだ、市場の失敗は非常に広い範囲で発生するのだ」という考え方に基づいて設立された機関でした。たとえば、多くの国で非常に高い失業率が長期間継続するということは、市場の失敗が本質的であることの例です。労働力の二五％が失業しているという劇的とも言える市場の失敗は、市場がうまく動いていないという証拠です。[*14]

ケインズは、市場はしばしばうまく機能しないものだということをよく理解していました。だからこそ、公共機関、国際公共機関が必要だと主張したのです。しかし、どうしたことか、「市場は失敗しうるのだ」という認識からスタートしたはずのIMFが、いつの間にか「市場に任せておけば何事もうまくいくのだ」という市場原理主義の熱心な信奉者になってしまいました。IMFは世界中をまわり、国々でこう説いたのです。「小さな政府を目指しなさい。市場を信頼しなさい」と。

そうした考え方の背後には、経済理論による裏付けは全くありません。本当に皮肉なことなのですが、IMFがこう説いてまわっている時に、経済学では、市場の失敗の重要性が再確認されました。すなわち、市場の失敗が、従来予想されていたよりもはるかに広範囲で起こりうることが理論的にはっきりしたのです。かつてはよくわからなかった「不完全情報」や「不完備市場」という環境の下で、いったい何が起こりうるのか、ということが明らかになってきたのです。

誰の目からも明らかなように、途上国においては、情報は不完全であり、また、市場は不完備です。「そのような環境では、市場の失敗が非常に起こりやすいので、市場には限界がある」と経済学は訴えていたのです。にもかかわらず、ＩＭＦは「市場は完全なのだ」と市場を賛美し、市場原理主義の伝道を続けたのです。本当に奇妙なことが起こったと言わざるをえません。

＊14　失業率二五％はアメリカにおける大恐慌時の失業率にほぼ対応しており、象徴的数字として使用したと思われる。

ＩＭＦの過ち①　順循環的な貸し付けを行ったこと

ＩＭＦは、設立当初、逆循環的な貸し付け[＊15]を行うことを使命としていました。逆循環的貸し付けとは、経済が下降し景気後退に突入した際、資金不足におちいる弱い経済に対して、資金を提供し、借り入れによる支出を可能にすることで景気の下支えを行うことを意図したもので、ケインズの提唱したことでありました。ケインズは、「経済が弱っている時には刺激を与えることが必要だ」と主張しました。しかし、ＩＭＦはいつの間にかその全く逆の主張の信奉者になってしまったのです。

アルゼンチン危機の原因の一つは、経済が後退期に入った際のＩＭＦ介入そのものにあります。経済が低迷期に入ると、政府支出よりも税収の方が早く減少します。いや、ほとんどの場合、失業保険などの福祉給付で政府支出はむしろ増大します。いずれにせよ財政赤字が増えます。

ケインズがその独創的な著作[*16]を発表した折、ウォール街とケインズの間でちょっとした論争が巻き起こりました。ウォール街側は、「景気後退に対しては、増税と支出削減によって財政赤字を減らすべきだ」と主張しました。彼らの誰もが、呪文のように唱えた言葉は、「信頼回復」でした。それに対して、ケインズは、「ばかげている」と反論しました。「やるべきことは、減税と支出増で経済を刺激することである」と主張したのです。まさに、真っ向から意見が対立したわけです。

過去七〇年の経験では、若干の例外がありましたが、ケインズの見方の方が基本的には正しかったということが明らかになっています。事実、彼の考え方は、依然として正しいというだけでなく、世界中のあらゆる大学で教えられています。しかし、世界中でたった一ヵ所だけ、この考え方が通用しない場所があります。それは、ワシントンDCの一九番街、IMF本部です。

皆さんの中には、将来、IMFで働くようになる方もいらっしゃるかもしれませんが、その時には、ここ早稲田で学んだことはすべて忘れて、再度教育を受けなおさなくてはなりません。一九二〇年の世界に戻って、一九二〇年当時の経済学を勉強するのです。かなり苦しいことかもしれませんが、相当の高給が約束されていますから、そうしようという気持ちになるかもしれません。

事実、韓国、タイ、インドネシア、ブラジル、アルゼンチンで景気が悪化した際、IMFは、「政府支出を減らして増税しなさい」と言ったのです。これらの国々の人々にとって、それは悪い知らせでした。この後、どの国においても、景気の下降から景気後退へ、そして不況へと、事態が悪化していったのです。

これは、経済学者にとってはよい知らせでした。なぜかと申しますと、この事態で私たちの理論が正しいのだということが明らかにされたからです。ケインズの経済学は今も生きており、依然として有効なのだと。IMFのやり方では事態が悪化してしまうことは、まともな経済学者であれば、誰でも予測したことなのです。

先ほどラテンアメリカ諸国についてお話ししました。ラテンアメリカ諸国でとられた政策を見れば、それらの政策がまさに順循環的であることがすぐに確認できます。経済の下降期に、政府支出が減らされ増税が行われたのです。このことこそが、ラテンアメリカにおいて景気循環の波が非常に大きい、振幅が大きい理由なのです。

なぜラテンアメリカ諸国ではこのような政策がとられているのでしょうか。彼らは、間違った理論が教えられている変な大学に通っていたのでしょうか。いいえ、そんなことはありません。理由は、ＩＭＦがラテンアメリカ諸国にそうすることを強要しているからです。ＩＭＦ自体が順循環的な貸し付けを行ってきたのです。好況期にその国への貸し付けを増やし、不況期に回収するというやり方です。アルゼンチンが不況におちいった時にも、彼らは貸し付け資金を回収すると言いました。もちろん、民間銀行も、いつもこのような行動をとります。

銀行業界にはこんな格言があります。「金は、金を必要としない人にだけ貸しなさい」。不況期には、資金が必要とされます。しかし好況期には資金は必要ないのです。銀行は好景気の時、資金を貸し付けて、さらなる好景気に結び付けようとします。そして景気が悪くなると、すぐにそれを回収しようとしてさらに景気を悪化させてしまうのです。

国際金融機関の役割は、このような市場の失敗を修正すること、すなわち、民間銀行と反対の行動をとることです。民間が景気後退期に資金を回収しようとする時にこそ、逆に資金を投入することが求められるのです。しかしＩＭＦは、事態をさらに悪化させただけでした。ＩＭＦは、世界経済を安定させるためのルールを設定し、環境を整備するために設立されたにもかかわらず、実際には世界経済を不安定化させてしまったのです。

＊15　総体的なマクロ経済活動の水準と同じ方向に動く変数を順循環的、逆方向に動く変数を逆循環的と呼ぶ。

＊16　Ｊ・Ｍ・ケインズ著、塩野谷祐一訳『雇用・利子および貨幣の一般理論（原題 *The General Theory of Employment, Interest and Money*, MacMillan, 1936)』東洋経済新報社、一九九五年を指す。

ＩＭＦの過ち②　資本の自由化を推進したこと

ＩＭＦが主張し、各国に求め推進していった政策の中で、最悪のものは資本市場の自由化でした。これは、家のドアを開け放して、短期資本や投機的資本の出入りを自由にすることを意味しました。その結果、一夜のうちに大量の資金が出入りするようになったのです。こうした資本の流れは経済成長には結びつきません。ある日突然入ってきて、次の日には出ていってしまうような資本を使って、工場を建てることはできませんし、雇用を生み出すことはできません。このような資本が生み出すのは、雇用ではなく、不安定性だけなのです。

私が世界銀行のチーフエコノミストを務めていた時、ＩＭＦがその憲章の内容を変更したいという提案をしたことがあるのですが、その提案内容と提案理由にたいへん驚かされました。

それは一九九七年九月、香港で開かれていた年次総会の時のことです。彼らは、世界の国々に資本市場を開放させることを強制できるよう、ＩＭＦ憲章を改正しようというのです。私は驚いて、「この提案が、発展途上国にとってプラスになるという証拠はどこにあるのですか。経済発展を促進するという論拠を提示してください」と尋ねました。

彼らは国際金融システムのあり方を激変させようとしたのです。このような提案をする際、研究者たる者の義務を果たすには、「資本移動の自由化は途上国にとってプラスである」という証拠（実証結果）を出すだけでは十分ではなく、その裏付けとなる「理論」を示さなければなりません。

しかし彼らはそうすべきであるとは考えていなかったのです。彼らの主張の背後にあったのは、イデオロギーでした。それも「自由」の信奉という、非常に単純なイデオロギーです。彼らは、資本の「自由」は信じるが労働に関する諸権利や環境権などについての「自由」は信じないのです。彼らが重視するのは「資本の自由」だけなのです。「市場を自由化しないといけないということは、何らかの規制を設けるということですね。規制というものは、必然的に悪いものなのですよ」というのが彼らの主張だったのです。彼らの議論はこの程度だったのですよ。

私は、「憲章を改正する前に、調査・研究を行ってそれを検証するべきだ」と主張しました。その時すでに、世界銀行で私たちが行った調査から、資本市場の自由化が一貫して経済を不安定化させることが明らかになっていたのです。これは東アジア危機が発生する前に明らかになっていたことです。そして、東アジア危機の発生によって、その正しさが一層明らかになりました。短期資本は、タイに入ってきてはすぐに出ていき、インドネシアに入ってきてはまたすぐに出ていったのですが、このような短期資本の動きこそが、東アジア危機の原因だったのです。きまぐれな短期資本の動きが、東アジア経済全体に大損害を与えたのです。

この東アジア危機の後のＩＭＦの専務理事の発言に私はたいへん驚かされました。一九九九年の年次総会の席上、これはメナム大統領を模範的指導者として招待した年次総会ですが、彼はこう言ったのです。「われわれは、今も資本市場の自由化は正しいと確信している」と。「東アジア危機やグローバル金融危機で世界の金融システムは多少損害を被ったが、われわれは依然として資本市場の自由化を信じる」と言うのです。これは、全くの決めつけにすぎません。説明も主張の根拠となるような分析も全くなかったのです。

しかし、最近になってよいニュースも聞かれるようになりました。後で時間があればもっと詳しくお話ししたいと思いますが、一年半前にＩＭＦは、ようやく資本の自由化がもたらす影響について検証する必要があることを認めました。全く遅すぎる気がしますが、それでもやらないよりはずっとましです。そして、これは私も評価するところでありますが、彼らも到達可能なただ一つの答え、「資本市場の自由化は、経済成長にとってもまた安定性にとっても望ましいものではない」という結論を導き出しました。私が何年間かずっと言い続けていた結論に、やっと到達したのです。

ＩＭＦにはたびたび驚かされますが、この調査結果に対し、彼らはこう言ったのです。「われわれは間違っていなかった。われわれは資本市場の自由化が成長や安定性に悪影響を及ぼすとずっと主張してきたのだ」と。五年前にＩＭＦ憲章を改正しようとしていたことなど忘れ、また、他の人もすっかり忘れてしまうことを望んだのです。私が五年前のことについて指摘すると、彼らの気に障るのでしょう。彼らが私を嫌う理由はここにあります。

IMFの過ち③　危機の原因を究明しなかったこと

彼らが経済を一層不安定性にさせる政策を推し進めてきたという事実に、皆さんは驚かれたことでしょう。しかし、極めて本質的なことで、さらに驚くことがあります。彼らは、不安定性をもたらした原因は何なのか、そして、不安定性にどう対処できるのか、という最も重要で本質的な問題に全く取り組んでこなかったのです。

不安定性の証拠は十分にありました。先ほども申し上げたように、過去三〇年間で世界は一〇〇もの危機を経験してきたのです。東アジア危機、ロシア危機、アルゼンチン危機、トルコ危機と、いくつもの危機の名前が頭に浮かんできます。しかしIMFは、世界中が経済危機で苦しんでいるにもかかわらず、目をとじてそれを正視しようとはしませんでした。

同じ現象が繰り返し起きることを観察したならば、社会科学者たる者は、「なぜ、そのような事象が生じたのか」と問わなければなりません。もし経済危機がある一つの国だけで起こったのであれば、それは偶発的なものであったと説明するほかないかもしれませんし、誰かが誤った行動をとったためかもしれません。あるいは彼らが経済学を十分理解していなかったため危機が起こってしまったのかもしれません。

しかし、世界中の至るところで危機が起こっているのなら、システム自体に何らかの問題があると考えるしかありません。いったいシステムのどの部分が問題なのかを調査する必要があるのです。しかしＩＭＦはそうしたことを問わず、必要な調査を実施しませんでした。その結果、彼らは必要とされる「答え」を導けなかったのです。

危機の原因①　リスク移転市場の不備

私は、彼らが認識すべきであったにもかかわらず認識しなかった重要な「市場の失敗」が二つあると考えています。一つは、順循環的な貸し付けによって起こる市場の失敗です。先ほどお話ししましたように、資金は必要のない時にだけ貸し付けられ、本当に必要な時には引き上げられてしまうのです。

さらに、もう一つ、重要な市場の失敗が存在します。経済学の原理によれば、豊かな人々は貧しい人々よりもリスク負担能力が高い、ということが言えます。したがって、うまく機能している市場では、貧しい人から豊かな人へリスクが移転されるのです。実際、ウォール街は、リスクを細かく切って商品化する能力に長《た》けています。リスクを商品化し、取引可能にすることで、リスクがそのリスクを負担する能力が最も高い人々によって負担されるような「仕組み」をつくったのです。[*17]

しかし、驚くべきことに、途上国は今なお金利の変動や為替の変動という大きなリスクの矢面にたっています。不相応に大きなリスクを負担しているのです。市場がよく機能すれば起こっているはずのリスクの移転が起こっていない、すなわち市場はうまく機能していないのです。

一九八〇年代のはじめに、その影響が目に見える形で現れました。その少し前、七〇年代に原油価格が高騰し、いわゆるオイル・ダラーのリサイクリング[*18]と呼ばれる問題が生じました。原油価格が高騰した時、世界の多くの国が不況に苦しみましたが、アメリカは海外から借り入れを行うことで、不況を経験することなく七〇年代を乗りきることができたのです。

この時点までは対外債務問題もそう深刻ではありませんでしたが、FRB（アメリカ連邦準備制度理事会）のボルカー議長がそれまでにないレベルにまで金利を引き上げたことによって状況は一変しました。アメリカはその当然の報いを受けることになりました。アメリカは膨大な短期債務を負っていましたので、金利が急上昇したことによって債務に対する利払い額も急速に膨らんだのです。極端に金利が上がったのです。

なぜこんな利上げが行われたか。それは、ボルカーはただ一つのこと、アメリカの国内インフレだけしか気にかけなかったからです。ボルカーは非常にナイーブなマネタリズムという経済モデルを採用していたのです。私は、『新しい金融論（*Towards a New Paradigm in Monetary Economics*）』という本で、この利上げが、なぜ悪い政策なのか、どのような影響を及ぼしたのかということを明らかにしたつもりです。

ここでおもしろいエピソードを一つ披露しましょう。ＦＲＢのメンバーの一人が、実は私の友人なのですが、理事会でこう発言したそうです。「このような利上げは、アメリカだけではなく、ラテンアメリカ諸国にもたいへんな影響が及んでしまう」と。それに対してボルカー議長を含む多数派は、「そうかもしれないが、それはわれわれの問題ではない、アメリカ国内のインフレだけがわれわれの問題なのだ」と主張し、彼の意見を退けてしまったのです。

実際、アメリカではS&Lが次々と破綻し、[*19]大きな影響が出ました。ラテンアメリカでも、予測された通りのこと、極端な利上げの当然の帰結が起こりました。メキシコ、ブラジル、アルゼンチンと、ラテンアメリカ諸国は次々と経済的破綻に直面したのです。この時期は、後に「失われた一〇年」と呼ばれるようになりました。一〇年にもわたって一人あたりの所得は下がり続け、不況が続きました。こうした状況でIMFは「金を返せ」と言ったわけです。前にも述べた、順循環的な貸し付けを行っていたのです。

もう一つの例を申し上げましょう。数年前、私はモルドバを訪れました。モルドバは、かつては旧ソビエト諸国の中で最も豊かな国の一つに数えられていましたが、現在は最も貧しい国の一つとされています。

旧ソビエト諸国が、ベルリンの壁の崩壊からの一〇年以上の年月の中でどのような状況に直面してきたかについて、皆さんがどの程度ご存知か分かりませんので、ごく簡単にお話しいたします。旧ソビエト諸国は、共産主義経済から市場経済への転換を求められました。「中央計画の非効率性や国営企業でのインセンティブの欠如を取り除きなさい、民営化しなさい、自由化しなさい、そうすれば成長できますよ。もっと効率的になりますよ。」と言われ続けたのです。

しかし、その結果もたらされたものは、貧困だけでした。モルドバのGDPは約七〇%も落ち込み、国中のほとんどが貧困状態に陥ってしまったのです。これは信じ難い数字です。私がモルドバを訪れた時、乏しい政府予算の七五%が海外債務の返還に充当されていました。夜、街灯に明かりを灯すだけの予算もなかったのです。私が訪れていた時、同僚の友人が病院に運ばれ酸素吸入が必要になったのですが、酸素がなかったのでその人は亡くなってしまいました。このようなことが日常的に起こっていたのです。

なぜそんなにも大きな債務を抱えてしまったのでしょうか。モルドバ政府が何か誤りを犯したということではありません。原因は、自国通貨の為替レートがロシアルーブルとリンクしていたことにあります。一九九八年にロシアルーブルが急落した時、モルドバの通貨も暴落したのです。しかし、彼らの債務はアメリカドル建てかドイツマルク建てだったので、自国通貨表示の債務が急増してしまった。これが問題だったのです。

私が強調したい点は、資本市場がうまく機能していれば、本来はこうしたリスクは豊かな国が負うことになるということです。しかし、モルドバはみずからそうしたリスクを負わなくてはなりませんでした。先ほどお話ししたような市場の失敗の結果、今申し上げたようなことが起こってしまったのです。

ＩＭＦは何をすべきだったか。リスクを途上国から先進国に移転するシステムをつくる努力をするべきでした。そうすればグローバル経済は今よりもずっと安定し、また繁栄していたはずです。しかし彼らはそのような問題について議論することさえしませんでした。

＊17　リスクの移転がなぜ望ましいのかについては、第三部一五〇ページより解説。

＊18　原油価格の高騰によって大量のドルを手にした石油輸出国が、投資収益を求めてアメリカやヨーロッパの金融市場に投資したことによって起こったドル資金の還流現象。

＊19　S&L（貯蓄貸付組合）は、長期固定金利での住宅ローンを供給していたが、一九八〇年の高金利政策によって短期金利が高騰し大きな逆ザヤを抱えたことにより、多くの破綻が見られた。通常、この危機を第一次S&L危機と呼び、八〇年代末に起こった第二次S&L危機と区別する。この第一次S&L危機は金利スワップが本格的に普及するきっかけにもなったと言われている。

危機の原因②　奇妙な準備制度

もっと根本的な問題があります。国際的な準備制度に関する問題です。これはとても大きなトピックではありますが、今日、私に与えられた時間はわずか三時間とうかがっておりますので（聴衆　笑）――冗談です――、本当に手短にお話しいたします。

ご存知の方も多いと思いますが、市場が非常に不安定ですので、各国は準備金を保有する必要があります。輸出が減って収入が減っても、準備があれば、輸入代金を支払うことができます。経済を安定させるには、こうした準備を積んでおく必要があるのです。ほとんどの国では、準備をアメリカドルで保有します。Ｔビルと呼ばれる、アメリカの財務省短期証券で積み立てているわけです。これは非常に奇妙なシステムであり、非常に奇妙な結果をもたらしています。この奇妙なことをいくつかお話ししましょう。

まず、この準備制度のおかげで、アメリカは莫大な資金を海外から借り入れることが可能になりました。大雑把に言えば、アメリカは実に、一日二〇億アメリカドルを借り入れていることになります。世界で最も豊かな国は、借金を重ねてその経済力を超える贅沢な暮らしをしながら、他の国には先生のように「どのように暮らすべきか」を教え、貧しい国々には「あなた方の経済力に見合うように暮らしなさい」と指導しているのです。しかし、このアメリカの債務の膨張こそが経済を不安定にしているのです。それはなぜか。各国がドルで準備を持つからです。

アメリカが貿易赤字を続けることができる理由の一つは、世界中の人々がドルを所有することにあります。しかし、国々がアメリカドルを、すなわち、Ｔビルを持てば持つほど、アメリカの借金は膨らみます。アメリカの債務が膨らんでいくと、人々は「債務累増は非常に危険だ」と言うようになるでしょう。現在のシステムはアメリカの債務の上に成り立っているのですが、債務が増大すればするほど、人々のアメリカドルに対する信頼が揺らいでいきます。将来、このことが原因となって危機が発生するのではないか、と私は懸念しています。

まだまだ、準備制度が引き起こしている奇妙な現象があります。途上国の視点から見てみましょう。通常、発展途上国は短期債務残高に等しい準備を積む必要があるとされています。それは、短期債務があると、ある日突然銀行が「金を返せ」と言ってくるかもしれないからです。しかも、ドルで借りている場合、貸し手はドルでの返済を望むので、借り手は返済のためのドルを調達する必要があります。ところが、もし自国通貨の対ドルレートが下がると、債務の実質残高が増えてしまいます。そのような事態を防ぐためには、途上国がドル建ての短期債務に等しい額の準備を維持する必要があるのです。そうしなければ、自国通貨の対ドルレートが安くなってしまい、経済が不安定になってしまう。事実、そうなってしまうことを示す証拠は十分にあるのです。

このことが貧しい途上国にとってどのような意味を持つかを考えてみてください。途上国の一つの企業が一億アメリカドルをアメリカの民間銀行から借り入れ、元金の一八％の利払いをするものとしましょう。この時、途上国政府は何をしなければならないのでしょうか。先ほどもお話ししましたように、安定性、すなわち自国通貨に対する信頼を保つためには、準備金として一億ドルを積み立てなければならないのです。

これは何を意味するでしょうか。その国はアメリカの財務省証券で準備を保有することになり、それは途上国政府がアメリカ連邦政府に一億ドル貸し付けることを意味するのです。その国は一方でアメリカの民間部門から借り入れを行い、同時にアメリカの公共部門に同額の貸し付けを行っているのです。マクロ的視点から見ると、一億ドルの借り入れ金と貸し付け金は完全に相殺されています。

途上国は、このような資金の動きから何を得ているのでしょうか。何の利益もありません。それどころか、途上国は、借り入れ金については、年に一八％という高利を払っているのに対して、貸し付け金からは、たった一％しか利息をとれないのです。

途上国は、その差額分だけ、すなわち毎年一七〇〇万ドルをアメリカに贈っているというわけです。

アメリカ財務省がなぜこのシステムをお気に入りかということがお分かりになったと思います。この制度は、いわば海外からアメリカへの資金援助を実現しているのです。しかし、この制度が途上国にとって自国経済の成長に何ら貢献しないものであることははっきりしています。途上国にとっては有害無益な制度なのです。

現行制度の問題点をもう一つ、例を挙げて説明します。まず非常に基本的なことなのですが、貿易赤字と貿易黒字は世界全体で見れば定義上同額になります。ある国で輸出が輸入を上回っていれば、必然的にほかのどこかの国で輸入は輸出を上回ることになる。世界全体から見て、貿易黒字国の黒字額総計と貿易赤字国の赤字額総計は、定義上等しくならなければならないのです。

貿易赤字になるとその国は何と言われるでしょうか。「危険だ、この状態が続けば危機が起こるぞ」と言われるのです。これはいったい何を意味するのでしょうか。

日本のように貿易黒字を計上し続ける国があれば、必ずほかのどこかの国が貿易赤字を計上し続けることになります。ある年にはその赤字国は韓国かもしれない。そこで韓国が危機に直面し、その結果赤字から脱出できたとしましょう。その結果何が起こるでしょうか。赤字は消えてなくなってしまったのでしょうか。いいえ、赤字の総計と黒字の総計は等しくなっているので、赤字は消えてなくなることはありません。

貿易赤字は本当に厄介な問題です。韓国から消えたかと思えば、今度はブラジルに現れ、ブラジルを危機に陥れる。ブラジルが赤字を解消し危機を克服したかと思えば、それがまたどこかの国に現れる。このことは、どこかの国が赤字になることでグローバルな金融システムが恒常的に不安定な状態におかれることを意味します。

もちろん、多くの国が、東アジアの国々のように、「われわれはこうした厄介な問題を抱えたくない。なんとしても貿易黒字を続けるのだ」と主張しています。事実、東アジアの多くの国が懸命に努力し、大幅な貿易黒字を継続的に実現しています。しかし、それらの国々がすべて黒字になるということは、どういうことを意味するのでしょうか。どこか他の国々が赤字になっているのです。世界経済は相変わらず不安定なままです。東アジアのみが安定を保っていますが、それは厄介な問題を、他の地域、他の国々へと追いやっているにすぎないのです。

どうしてこのようなシステムが持続されてきたのでしょうか。それはアメリカが赤字の最後の担い手を買って出てきたからです。それも莫大な赤字です。先ほど申し上げたように、アメリカは一日に二〇億ドルを借り入れています。[*20] アメリカがずっと貿易赤字を続けるという今の制度が永遠に維持できるということはありえません。いつの日か、多くの人々がこう言うでしょう。「このような状況は危険だ。アメリカは借金をしすぎてしまった」と。その時、国際金融システムは、非常に深刻な困難に直面することになるでしょう。

いくら強調してもしすぎることがないくらい、これは非常に複雑な問題です。本当に複雑な問題なのです。この問題をどう解決すべきか、ということについて、私なりの解答をすでに書いております。しかし、今、この場で強調しておきたいことは、「これはＩＭＦが取り組んでくるべき問題であった」という点です。しかし、ＩＭＦはこの問題についてまだ議論をはじめてさえいないのです。

＊20　国際収支は、経常収支と資本収支の合計額として定義される。経常収支の大部分を貿易収支（輸出額－輸入額）が占めるため、国際収支が均衡するためには、貿易収支の赤字は、資本収支（資本流入－資本流出）の黒字によって相殺されなければならない。資本収支の黒字は海外からの借入を意味する。

危機の原因③　救済がもたらすモラルハザード

さらに、ＩＭＦがうまく対処できなかったグローバルな不安定性の三つ目の原因をお話しします。それは、ＩＭＦによる危機への対応策として救済措置をとってきたことです。なぜ、救済措置が危機の原因となるのでしょうか。

ＩＭＦも、救済措置がモラルハザードを誘発し危機を招いてしまう可能性があることを認識していました。ＩＭＦによる救済措置があるため、貸し手は慎重に貸し付けを行わず、もし救済措置がないならば貸さないような借り手にまで貸してしまうからです。かりに債務不履行になってもＩＭＦが借り手を救済してくれるのですから。問題のある借り手に資金がながれると、債務不履行の可能性が高くなり、危機の原因となるのです。

しかし、救済によるモラルハザードはこれだけではありません。今お話しした「貸し手の側に発生するモラルハザード」のほかに二つの側面があるのです。これら二つの側面は今まであまり議論されてきませんでしたが、非常に重要です。

まず一つ目の、最初のも含めると二つ目のモラルハザードは、借り手の側に発生するモラルハザードです。ＩＭＦは、経済危機が起こると、その国が変動為替相場制をとっている場合でも、その国の為替レートの下落を防ごうとします。彼らは、為替レートが大きく変動するのを嫌がりますから。それで、その国の通貨を買い支えるわけです。

このことは、外貨建てで借り入れを行っている途上国が保護されていることを意味するのではないでしょうか。為替リスクがＩＭＦの救済措置で小さくなるのですから、自分たちで保険をかけようというインセンティブがなくなるのです。しかし当然ながら、実際に危機になれば、誰かが救済しなければなりません。そうしないと、負の連鎖が起こってしまいますから。ＩＭＦは自分で、自分が取り組む問題の原因をつくっているのです。

さらに、もう一つ、三つ目のモラルハザードがあります。投機家に発生するモラルハザードです。外国為替市場での「投機」は、IMFや政府の介入なくしては、利益を産まないのです。なぜか。投機は、本質的には為替レートを対象としたギャンブルだからです。ギャンブルはゼロサムゲームで、誰かが勝てば、その相手は負けているのです。合理的な人なら、いつかこのゼロサム構造に気づいてゲームをやめてしまいます。

それでは、なぜ、為替レートでの賭け、投機が続いているのでしょうか。答えはズバリIMFの存在です。IMFがサメのように貪欲な投機家にエサを与えているのです。どういうことかと申しますと、IMFは為替レートを均衡レートよりも高く維持するように為替市場に介入を行いますが、その介入資金がエサになっているのです。たとえば、ブラジルで五〇〇億ドル、ロシア危機では五〇億ドルを注入しました。そして、いずれの場合でも、投機家は得た資金を国外に持ち出してしまったのです。したがって、IMFがやったことは、基本的に途上国に対する援助ではなく、投機家に対する援助だったのです。

もっと問題なのは、そうした介入が投機をもうかる仕事にしてしまったことです。もうかる仕事となれば、多くの人が投機に引きつけられてくるのです。ＩＭＦの介入は、投機圧力を高めてしまい、結果的に不安定性を増幅させてしまったのです。

四　改革のための提言――ＩＭＦはどう変わるべきか

IMF改革の必要性

ここまでお話ししてきたことをもう一度確認いたしましょう。私は、まず、国際金融機関、とりわけＩＭＦが果たすべき使命とは何なのか、についてお話ししました。そして、ＩＭＦがどのように振舞ったのか、なぜその使命を果たせなかったのかを指摘いたしました。本来対応すべき重要な問題にきちんと取り組むことなく、新たな問題に取り組もうとして失敗を重ねてしまったのです。

ここからは、今日のお話のしめくくりとして、ＩＭＦはどのような改革を実行すべきかについてお話ししたいと思います。

まず、ＩＭＦは本来の使命に回帰すべきです。この点については、非常に幅広い合意があります。具体的に申しますと、ＩＭＦは、開発融資や移行融資[*21]から手を引いて、国際金融システムの安定性の維持に全精力を注ぐべきです。金融部門、すなわちＩＭＦの中心的任務に専心すべきです。

しかし、明らかにそれだけでは不十分です。彼らは、本来取り組むべき問題でも失敗を重ねてきたのですから。

なぜ彼らは失敗を重ねてきたのでしょうか。なぜその失敗はひどいものだったのでしょうか。その本質的な原因は何なのか。その答えは政治経済的な要因にあると私は主張したいのです。早稲田大学は、政治経済学を中心とした学際的なアプローチを行う研究機関（二一世紀ＣＯＥ-ＧＬＯＰＥ）を設立し、さまざまな問題を分析しようとされているわけですが、この問題の分析には、まさにそのような学際的なアプローチが、とりわけ政治経済学的アプローチが必要となると私は考えています。

＊21　四九ページで述べたような、途上国の市場経済への移行を支援するための融資。

意思決定システムの闇

誰がＩＭＦを運営しているのでしょうか。ＩＭＦの運営、その意思決定は基本的には理事会が行っています。また、最高意思決定機関である総務会は、主として加盟各国の財務相や中央銀行総裁がメンバーとなりますが、実質的には主に先進工業国の代表者が運営および意思決定を行っています。

言い方を変えますと、ＩＭＦにおける投票権は、おおむね経済力に応じて配分されているのです。[＊22]若干調整はされてきたものの、おおむねＩＭＦ設立時、すなわち一九四四年の経済力に基づいたシステムです。

一九四四年当時、まだ多くの途上国が植民地でした。よって、そうした国はほとんど投票権を与えられませんでした。そして、ただ一国のみが拒否権を持っているのです。国連では五ヵ国しか拒否権を持っていませんが、そのことに日本など多くの国々が不満を持っています。こうしたことはすべて、歴史的経緯で決まったにすぎません。人口が五〇〇〇万、六〇〇〇万の欧州の小さな国が拒否権を持っているのに、もっと人口が多く、経済力がある国が拒否権を与えられていない。それは、歴史的偶然であり、何ら合理的理由はありません。

ＩＭＦで唯一拒否権を持っている国は、Ｇ１と呼ばれていますが、それはアメリカ合衆国です。拒否権を持つ国があれば、当然その国の意向はＩＭＦの意思決定に強く反映されるでしょう。しかし実態はもっと悪い。と言いますのは、反映されているのはアメリカ全体の意向ではないのです。アメリカ全体の意向であったならまだよかったのですが、実際に反映されてきたのはアメリカ財務省とウォール街の意向だったのです。

私が世銀をやめた後のことですが、ホワイトハウスのレセプションでクリントン大統領（当時）に会った時、こんなことがありました。彼は、ニューヨークタイムズでＩＭＦについて書かれた記事を読んで、ＩＭＦのやり方につよい反感を示したのです。

ＩＭＦの後ろで糸を引いて彼の意に沿わぬことをやっているのはアメリカ財務省だということを知らなかったのです。もちろん財務省は、ＩＭＦに関する問題について、大統領に意見を求めたりはしません。ＩＭＦをどう動かすかは彼らにとって非常に重要なので、大統領の意向など聞きたくないのです。多くの問題は、大統領レベルに上げられることなく、ほとんどすべて、アメリカ財務省の好きなように決定されているのです。

例を挙げましょう。アメリカ財務省はインドネシアに深刻な不安定性を与える可能性が高い政策をとり、あの地域に大きな政治的不安定要因を生み出したのです。その時の彼らの関心事は、ウォール街が間違いなくインドネシアから資金の返済を受けることができるようにすること、それだけでした。ほかのことはどうなってもよかったのです。

皆さんにも、投票権の各国への配分と、誰がその国を代表するのかという問題が重要であることがお分かりいただけたかと存じます。ＩＭＦの意思決定に反映されるのは、先進国の、しかも債権者の意思なのです。問題は、ＩＭＦが金融問題以外にもいろいろな問題に取り組んでいることにあります。もしＩＭＦが、「小切手決済システムの最も効率のいいソフトウェアは何か」ということを決めるのなら、誰も気になどかけないでしょう。それはもう、専門の技術者に任せてしまえばよいわけです。

しかし、ＩＭＦのプログラムは社会のあらゆる側面に影響を及ぼすのです。パキスタンでの政府予算の削減によって公的教育に資金が回らなくなり、子供たちが公立学校に行けなくなってしまいました。公立学校へ行けないので、しかたなくパキスタンの子供たちが通った学校で教えられたのは、何だったのでしょうか。タイでは、政府予算の削減でエイズ対策予算を削らざるをえず、アジア危機後、それまで減少傾向にあったエイズ患者数が増加してしまいました。それ以前は、タイはエイズ封じ込めにかなり成功していたのですが、ＩＭＦプログラムのためにそうなってしまったのです。現在はこの問題は正常化していますが、その当時は、全く考えられていませんでした。彼らの頭には金融市場のことしかなかったのです。

ＩＭＦの政策は、金融業界のほんの少数の人に影響を与えるだけではなく、雇用、公衆衛生、教育、そして環境にも影響を及ぼすのです。社会のあらゆる面で、多くの人々に影響を与えるのです。しかし、ＩＭＦでは、社会のそうした側面からの声は反映されません。ＩＭＦは往々にして、一つの数値目標を達成することにこだわってしまいます。たとえば、インフレだけに注目し、雇用や成長などを無視してしまうのです。

この傾向を私が思い知らされたのは、大統領経済諮問委員会（ＣＥＡ）の委員をしていた時でした。ＩＭＦは途上国だけではなく、すべての国について調査をします。この調査は、第四条コンサルテーション[*23]と呼ばれています。私がＣＥＡにいた一九九三年に、彼らはやってきてアメリカ経済について調査を行いました。その調査から彼らの出した結論は、「アメリカ経済はインフレ率が上昇する恐れがあるため、予防的措置として利上げを行うべきだ」というものでした。ＩＭＦのいいところは、いつも同じことを言ってくることです。「利上げしろ」と。悪いところは、彼らの経済分析が本当にひどいものだったということです。私たちの方がずっとよい経済モデルを持っていました。私たちは、アメリカの経済構造が変化し、その結果失業率を下げることができると分析していたのです。彼らは、失業率が六％まで下がるとすぐにインフ

〈図4〉　アメリカにおけるインフレ率と失業率の推移（1992−2003年）

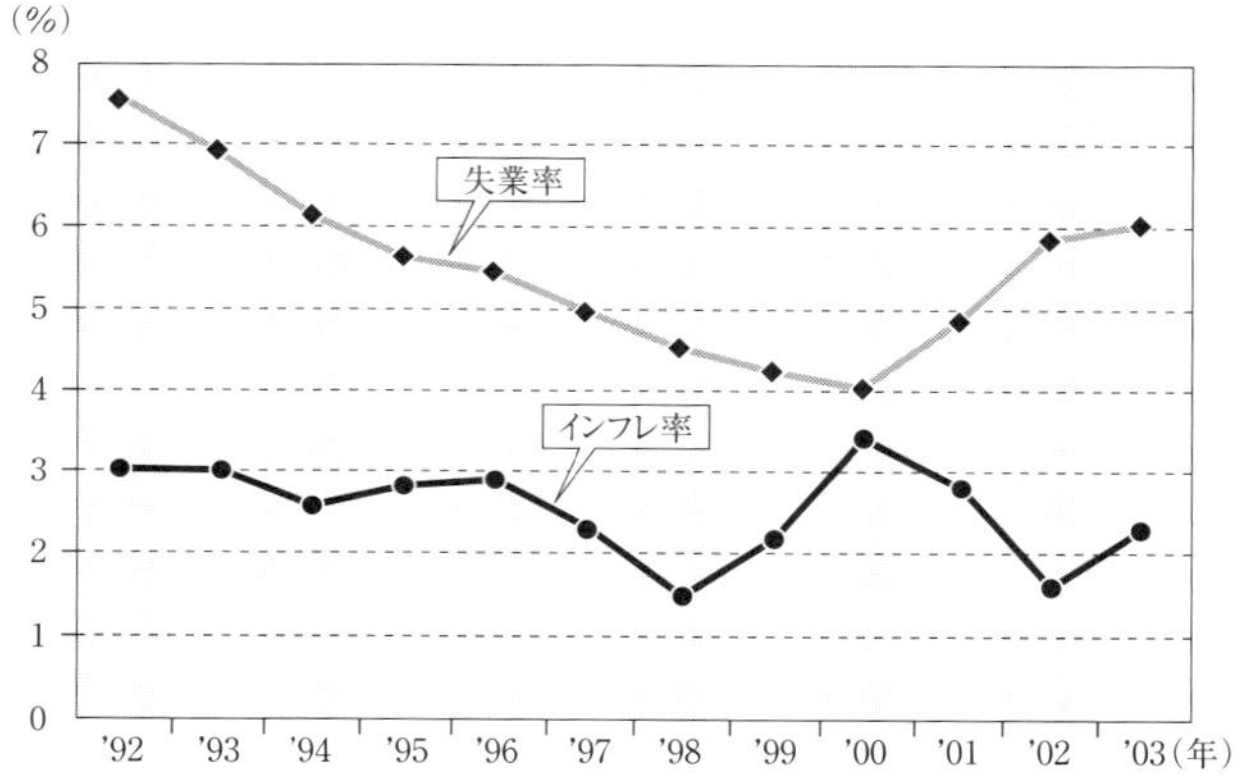

International Monetary Fund, World Economic Outlook Databases, April 2004

レが起こると考えていました。私たちは、経済構造が変化したため、インフレという犠牲を払うことなく失業率を下げることができると分析していました。[*24] 実際、失業率が五・五％、四・五％、四％、さらに三・八％まで下がってもインフレは起きなかったのです。私たちが十分なデータを基に分析を行い、その分析から予想した通りのことが起きたのです。「アメリカの経済構造が変化したため、インフレを起こさずに失業率を下げることができる」ということを、彼らは理解しようとはしませんでした。彼らのモデルは、経済の構造変化を捉えていなかったのです。

＊22　ＩＭＦは各国からの出資金によって運営され、投票権はほぼ各国の出資金の比率に対応している。出資金比率はおおむね各国の経済力に比例している。現在、日本は、出資金比率六・二六％、投票権比率六・一五％、アメリカは、出資金比率一七・四六％、投票権比率一七・一四％となっている。

＊23　ＩＭＦ憲章第四条に基づき、ＩＭＦは加盟各国の経済ならびに経済政策を調査する。その際、加盟国はＩＭＦの求めに応じて必要なデータを提供すると共に、各国の政策についてＩＭＦと協議する義務を負う。

＊24　通常、インフレ率と失業率は逆方向に動くと考えられ、失業率を横軸にインフレ率を縦軸にとってデータをグラフ化すると右下がりの曲線（フィリップス曲線）が現れる。両者の間にこのような関係がある時、失業率を下げるにはインフレ率の上昇というコストを払う必要がある。しかし、ここでスティグリッツは、アメリカにおけるフィリップス曲線は構造変化によって左にシフトし、その結果、インフレ率の上昇というコストを払うこ

となく失業率を下げることが可能になった、と主張している。

誰のために、何のために

私が彼らを批判する理由は、彼らの経済モデルが間違っているからというよりも、もっと根本的なところにあります。失業率を下げる効果を持つ政策を実施することで、インフレが起きる可能性があったとしても、それは十分にとる価値のあるリスクなのです。失業率を下げ完全雇用を達成することは、最も重要な社会政策です。

アメリカでは、マイノリティの人々が社会から疎外されてきました。しかし、失業率が下がってきたことによって、彼らはアメリカ社会に融和されていったのです。ここ二〇年全く職につくことができなかったマイノリティの人たちが職を得ることができました。事実、黒人やその他のマイノリティ・グループの失業率は低下したのです。失業者のための社会保障支出も少なくて済むようになりました。人々は、生活保護を受けるよりは働きたいと思っているのです。実際、われわれがとった政策によって、彼らは仕事につくことができ、生活保護を受ける必要がなくなりました。

加えて、失業率低下はアメリカの都市部にさまざまな好影響をもたらしました。都市部では犯罪が大きな社会問題でしたが、犯罪率は失業率の低下と共に低減しました。暴力事件が減少し、都市部がずっと住みよくなったのです。そして、こうした変化はアメリカ経済全体によい影響を与えました。悪循環から好循環への転換が実現したのです。

ＩＭＦは、しかし、こういった諸側面には全く関心を払いませんでした。ＩＭＦは、一つの経済変数、すなわちインフレーションだけを心配していたのです。彼らは、自分たちの政策が社会全体に与える諸影響については、全く気にかけていませんでした。でもそれは驚くべきことではありません。ＩＭＦの理事は誰なのか。金融界出身の人たちです。彼らにとっては、インフレを押さえ込むことが最大の関心事だったのです。ここに、私が大いに強調したいポイントがあります。組織のガバナンス、その意思決定のあり方と実際にとられる決定の間には密接な関係があるのです。実際に起きたことを理解するには、この関係について考えることが欠かせません。

興味深いことに、ケインズ自身もこの問題を懸念していました。彼は自分が怪物を作り出してしまったのではないかと心配していたのです。と言いますのは、ＩＭＦが金融界によって牛耳られてしまうことを予想していたからです。彼は、ＩＭＦが彼自身の設定した使命を果たすことを望んではいましたが、楽観はしていませんでした。彼自身が経験した論争から、金融界が常に「赤字を減らせ」と主張することは十分すぎるほど分かっていましたから。彼は、この件について非常に強い危機感を持っていたのです。

現実的なアプローチを

この現在のガバナンス構造こそが抜本的な改革を必要としているのです。しかし率直に申しますと、私はそう楽観的ではなく、そのような改革が迅速に進むとは思っておりません。まあ、アメリカがＩＭＦにおける拒否権を手放すことはないでしょう。ありとあらゆる言い訳をしながら、拒否権を守ろうとするはずです。各国の財務大臣や中央銀行の総裁にしても、ＩＭＦに対する影響力を手放すとは到底思えません。

したがって、他の面での改革の可能性を考察する必要があります。ＩＭＦの政策によるダメージをできるだけ小さくし、望むらくはＩＭＦのパフォーマンスをできるだけ向上させるような改革案を探る必要があるのです。

いくつかの改革が考えられますが、その一つは、私が基本的な民主的改革と考えるものです。それは、ほとんどすべての民主主義国家であたり前のように制度化されているにもかかわらず、ＩＭＦでは制度化されていないものを制度化することです。現行制度は、ＩＭＦには組織としての民主的な土台が欠けていることを反映しているのです。それでは、もう少し具体的に改善点を挙げていくことにしましょう。

透明性は確保できるか

第一に、ＩＭＦは透明性を高める必要があります。今ではアメリカにおいては、「情報の自由法」[*25]によって、市民の「知る権利」が保障されています。アメリカ市民は誰もが、政府が何を行っているのかを知る権利を持っているのです。現大統領のブッシュ氏は、このことをよく分かっていないようで、この基本原則をゆがめようとしています。しかしほとんどの国民は「知る権利」の重要性を理解しています。

ブッシュ氏はアメリカ国民の多数派によって選出された大統領ではなく、彼のとる政策もアメリカ国民の大勢の意見を反映しているわけではない、ということを知っておいていただきたい。重要なことですから。アメリカ人みんながブッシュ大統領のように考え、行動すると考えてもらっては困ります。

透明性は、とりわけ国際機関においては重要になります。なぜなら、市民が国際機関での意思決定者を投票で選ぶことは事実上不可能だからです。

現在新しい専務理事の選出が進行していますが、そのプロセスはIMFが抱える問題点をよく表しています。実は、アメリカとヨーロッパの間では、IMFのリーダーは常にヨーロッパ出身者にするという暗黙の了解があるのです。これは不正行為です。国際的な公的機関であるならば、当然その役割を担うのに最も適した人物を世界中から探し求めるべきです。しかしそうしてはいない。ヨーロッパ人から選ぶということに事実上決まっていて、ヨーロッパでは、「そうだ、前回はドイツ人だったから、今回はフランス人かスペイン人の番だな」という具合に人選が進むのです。

前回はフランス人だったので今回はドイツ人ということになり、ドイツ政府が選出にあたりました。ドイツ国民ではなく、政府が選んだのです。もちろん、アメリカ財務省は拒否権を持っていました。要するに二人だけが投票できたのです。

ドイツ人候補者で問題になった点は、彼が二重国籍者だったということです。彼はブラジルとドイツの二つの国籍を持っていましたので、途上国の事情に詳しすぎると考えられたのでした。アメリカにとって好ましくない人物とされて、アメリカは拒否権を行使したのです。驚くべきことに、ＩＭＦのリーダーとなる人の選考過程において、候補者は途上国の事情に通じている人でなければならないという意見はありませんでした。過去三〇年間に起こった危機のすべてが途上国で起こったというのに。これは、自動車を見たこともない自動車メーカーの社長に、車について質問しているのと同じです。しかしそのようなことをＩＭＦはやっているのです。専務理事の選出は、非常に透明性の低い方法で行われているのです。

透明性はとても重要です。リーダーを選ぶことができない場合には、少なくとも、その人物が何をしているかを監視できなければなりません。マスコミによるチェック、第三者による批判も必要です。最近になってようやくＩＭＦも透明性が重要だと言うようになりましたが、今のところウェブサイトが少しよくなったくらいです。おかげで、彼らが何を決めたかを知ることができるようにはなりました。しかし、彼らがこれから決めようとしていることを知ることはできません。彼らは、外部者が意思決定に加わって欲しくないと思っているのです。

彼らが外部からの介入を嫌うことがどのような悪い結果をもたらすのか、実際にあった例でご説明しましょう。ある時、アメリカ議会がＩＭＦに出ているアメリカ代表に「ＩＭＦあるいは世銀のプログラムでコストリカバリー（採算性があること）を条件とするものをすべて拒否せよ」と指示しました。

国際機関を研究する際には、婉曲な表現が頻繁に用いられていることを理解せねばなりません。コストリカバリーという婉曲な表現が意味することは、たとえば、最貧国に対し初等教育を有償化しなさいと言うことです。多くの先進国では、小学校、中学、高校と授業料がかかりません。それなのにＩＭＦと世界銀行は、最貧国に対し、「初等教育でも授業料をとりなさい。心配しないでいいよ。初等教育に対する需要はかなり非弾力的[*26]なので授業料をとっても学校に行く子供は減らないから」と言うのです。

この分析は本当にひどいものでした。専門的になりますが、ＩＭＦは、「一般均衡分析[*27]」というものをよく理解していなかったのです。一方、ウガンダやケニアの大統領などは一般均衡分析を理解していました。彼らは、「もし有料化すると、システミックな影響が出て、学校に行かない子供が大幅に増えてしまう」と主張したのです。そして、彼らは正しかったのです。

話を元に戻しましょう。とにかくアメリカ議会からの指示は、「いかなるコストリカバリープログラムにも反対票を投じろ」というものでした。しかし、アメリカ代表はそれを守りませんでした。しかも、議会はその事実を知らなかったのです。彼は、「やりすごせる」と思ったのでしょう。議会に対し釈明する必要もなかったのです。なぜかというと、透明性がないからです。

しかし、幸いなことに、国際機関からはしばしば情報が漏れてきます。決定に対し大きな不満を抱く内部者は情報をリークします。すると、議会はアメリカ代表を呼び出し「いったい、何をやっていたのだ」と問い詰めるのです。彼は「あれは、私どものミスでした。もう二度としません」と約束をする。しかし、情報開示が不十分なので、彼が議会の指示を再び無視したかどうか、分かりません。それは秘密なのです。これが秘密主義の危険性なのです。

透明性を確保することは、非常に重要で急を要しますが、IMFはいまだ「知る権利」を認めていません。情報の自由法のようなものはIMFにはないのです。アメリカ国民も日本国民も自分たちの代表がどのような投票をしたのか、知ることができません。意思決定過程の透明化が必要ですし、それが実現できたならば大きな変化を生むことでしょう。

＊25 Freedom of Information Act ―意味をとって情報公開法と訳されることもある。

＊26 ある財やサービスの価格が変化しても、それに対する需要がほとんど変化しない時、需要は非弾力的であるという。

＊27 相互依存関係にある多数の市場からなる経済を想定し、すべての市場で需要と供給

が一致する状態（一般均衡）の可能性や、その性質を探る分析。

「回転ドア」問題への対応

次に、ＩＭＦに欠けている民主主義的な手続きの二つ目の例を挙げましょう。それは、民主的な政府のほとんどが懸念している、「回転ドア」、「利益相反」という問題への対処です。たとえば、あなたがウォール街で働いてからＩＭＦに入って、それからまた回転ドアを通ってウォール街に戻ったとしましょう。そのような場合、多くの人は「あなたがウォール街でどのくらいよい職を得られるかは、ＩＭＦ時代に救済した銀行をどれほど大事にあつかったかで決まるのではないの」と言うかもしれません。たとえ実際にはそうでなくても、少なくとも利益相反があるように見えます。

東アジア危機の時、そしてラテンアメリカ危機の時、この問題についての懸念がありました。ＩＭＦにおいて当時ナンバー2で、チーフエコノミストのような人物、いや、彼はチーフエコノミスト以上の権限を持っていました。政策を実施する責任者でしたから。この人物は、アメリカ財務省により任命されたアメリカ人でしたので、アメリカ財務省の指令をただひらすら忠実に実行したのです。

この人物がＩＭＦを去った後何が起きたか。当時のアメリカ財務長官が、巨大銀行、まあ世界最大と言っていいその巨大銀行に職を得た時、ＩＭＦの元ナンバー2を自分の補佐に任命したのです。[*28] この出来事は、「回転ドア問題」にスポットライトをあてました。しかし、ＩＭＦでは、この回転ドアの問題に適切な対応をとっていません。ほとんどの政府では、基本的な民主主義の原則として、利益相反対策がとられていますが、ＩＭＦでは何ら対策がとられていないのです。

＊28　元アメリカ財務長官ロバート・ルービンがCitigroup経営執行委員会会長に就任した際、元ＩＭＦ副専務理事スタンレー・フィッシャーを同グループ副会長に招いたことを指す。

改善の兆しとＧＬＯＰＥへの期待

少し長く話しすぎてしまったようです。ほかにも行われなくてはならない一連の改革があります。それらは基本的な手続き上の改革です。そのうちのいくつかについてはＩＭＦにも進歩が見られるようになりました。多くのプログラムは条件付きですが、[*29]ＩＭＦはそれを減少させる必要があると言うようになりました。

以前は全く目を向けなかった貧困の問題についても、関心を持つようになりました。[*30]ＩＭＦの救済措置については、かなり批判が集中しておりましたが、支払い停止措置や破綻処理といった代替的な措置が必要であるという認識を持つようになりました。東アジア危機においては順循環的な財政政策を求めすぎた、という反省もされています。これらの変化はここ数年に起こったことです。拙著、『世界を不幸にしたグローバリズムの正体（*Globalization and its discontents*）』が出版されてから生じた変化です。これは世論の力によって改革が促されるという、よい例であると思います。しかし、これまでの改革は、言葉の上のものにとどまっており、実行が伴っておりません。本格的な改革を実現するには、国際世論の圧力を継続的にかける必要があります。

一五年前は、国際金融機関に対して注意を払う人はほとんどいませんでした。大学でも研究されておりませんでしたし、広く議論されるということがありませんでした。

早稲田大学で、こういった機関を研究対象とするセンター、二一世紀ＣＯＥ－ＧＬＯＰＥを創設するということはたいへん有意義なことであると思います。こういった機関が何をしているのか、またその行動が、世界中の何千万、何億という人々にどのような影響を及ぼしているのか、ということを明らかにすることによって、はじめて、われわれが必要としている改革が実現できるからです。皆様のご研究が実り多いものとなるようお祈りします。

ご清聴、ありがとうございました。

＊29　ＩＭＦは途上国に対し融資を実行する際、融資条件を設定しその履行を求めてきた。

＊30　現在では行動目的の一つに「貧困の撲滅」を挙げている。

質疑応答

藪下　質疑応答の時間が約一五分ありますので、質問がありましたら、どうぞ。どのような質問でも歓迎です。質問のある方は挙手をお願いします。最初に一番若い方に権利を与えましょう。

どうぞ。

質問者1　早稲田大学で経済学を専攻している学部四年生です。すばらしいご講演、ありがとうございました。ＩＭＦについて知識を深めることができました。実際、ＩＭＦで働くのが私の夢だったんです。一時間前までは。

スティグリッツ　いや、行ってぜひ改革を起こしてください。

質問者1　ええ、そうですね。グローバリゼーションについてですが、これはがんの治療のようなもので、よいところにも悪いところにも働いてしまう。私は、ＩＭＦはグローバリゼーションがもたらすマイナスの影響を緩和するのだというイメージを持っていたのですけれども、ご講演を拝聴して考え方が大きく変わりました。

ＩＭＦのスタッフが二〇〇一年と二〇〇二年に早稲田大学を訪れ、将来の日本人スタッフをリクルートするための説明会が開かれました。その時に、ＩＭＦの活動内容やその目的についてお聞きしたのですが、非常にすばらしい内容で感銘を受けました。でも、やはり物事のさまざまな面を違った角度から見て判断をすることが必要なのだと感じました。

質問なのですが、先生がお話しくださったようにＩＭＦがうまく機能しなかったのは、もしかしたら世銀など他の機関との協調がうまくいかなかったためかもしれません。もし協調がうまくいけば、機能が改善するということはありえるのでしょうか。

スティグリッツ　私は世界銀行に何年か勤務していましたが、完璧ではありませんが、少なくとも世銀の方がたくさんの面でうまく機能していたと思っています。先ほどお話ししたガバナンスという面で、ＩＭＦには中央銀行総裁や蔵相のような、非常に狭い金融の専門家しかいませんが、世銀には援助担当大臣や開発担当大臣のように、金融以外の専門家がいるからです。

ほとんどの政府において、援助担当の閣僚というのは、最も左寄りの考えを持っていることが多いものです。たとえばクレア・ショートのような人もいるのです。非常に単純なことですが、どの政府でもさまざまな意見があります。内部に多様な意見があると、組織内部に活気が出てきます。かつて私は年次総会によく行っていましたが、その中には開発グループとＩＭＦの陣営がいます。すると、同じ政府から来ているはずであるのに、全く違う意見が出てくるわけで、それらが二人の別個の政府を代表しているように思われるのです。政府内部の意見はそれだけ幅広であるから、そのようなことが起こります。

もう一つ違いをもたらす理由があります。ＩＭＦの場合には、ある国に介入する時、彼らは主に財務省と中央銀行としかやりとりしないので、皆同じような考え方になってしまいます。しかし世界銀行の場合には、環境、教育、医療など、さまざまなプロジェクトを行います。当然、財務大臣とも話をします。同時に、政府内で働く人のいろいろな見解を突然洪水のように投げかけられるわけでありまして、同じ政府の内部にも、さまざまな意見があることが分かるわけです。

世界銀行の利点は、多様な見解が許されているということであります。ＷＴＯの場合は、交渉の場であるということのために状況が少し異なってきます。ＷＴＯの問題はＷＴＯ自体にあるのではなく、アメリカや、欧州といった、交渉を行う政府の側にあるのです。日本政府にも農業の分野では多少問題があると思います。

コーディネーション上の問題も重要でありますが、やはり多くの面でＩＭＦ自体が問題の中心であるのです。一例を挙げましょう。関税の障壁を取り除き、貿易を自由化することは、非効率的で生産性の低い地域から生産性の高い地域すなわち比較優位性のある地域へ生産を移動させることになります。

しかしそうした生産の移動を可能にするためには、一般的には新規投資を行い、またそのために必要となる新たな職が創出されなくてはなりません。しかしIMFのプログラムによって起きたことは、貿易の自由化によって雇用が失われてしまったということです。輸入製品が入ってきて、産業が破壊されます。しかも金利が三〇%から四〇%にも高まると、雇用を創出することは不可能です。このような状況では、貿易のグローバリゼーションは生産性の向上ではなく、失業を生み出すことになります。これらはコーディネーションがうまくいっていない例ですが、経済の移行を成功させるには、資金が必要なのです。

質問者2　非常にエキサイティングな講義をありがとうございました。早稲田大学の卒業生で、現在、タフツ大学のフレッチャースクールで勉強しております。メイド・イン・ワセダでアメリカに輸出された人間です。

アジア危機の際、マレーシアのマハティール・モハマド首相は国を閉鎖して資金の流出を防ぎ、為替を固定するという強力な政策を推し進めました。この彼の政策は正しかったのでしょうか。それとも、たまたま偶然に成功しただけなのでしょうか。彼の政策に対するご意見をお聞かせください。

スティグリッツ　ええ、それはアジア危機の時ですね。マハティール首相は資本の流出に制限を設け、ＩＭＦとアメリカ財務省から痛烈な批判を受けました。私は当時、彼のとった政策を強く支持しておりましたが、今となっては私たちの側が正しかったということがよくお分かりになるでしょう。私たちのやったことは、世銀と協力して資本の管理体制を変えるということでした。首相は直接的資本管理を実施しましたが、私たちはそれを税方式に変えたのです。

マハティール首相は、これを一年間続けました。一年後にはやめると宣言し、そして実際にそうしたのです。一年後には、資本を管理したおかげで、マレーシア経済は非常に安定し金利を下げることができました。もし資本移動を自由にしたまま金利を下げていたならば、資本流出によって為替は切り下がり不安定性が非常に高まっていたことでしょう。

インドネシア、韓国、タイの場合は、金利が極めて高い水準にありました。ここで、私が「高い」水準というのは、八〇%くらいという、信じられないほどの高さなのです。多くの企業が多額の負債を抱えていたので、ものすごい数の倒産が起こりました。インドネシアでは、七五%の企業が倒産し、韓国では五〇%の企業が倒産しました。マレーシアでは金利を低く保つことができたおかげで、企業倒産を防ぐことができたのです。マハティール首相は、インドネシアや韓国で起きた経済混乱を回避することに成功しました。それは経済再建のコストが少なくて済むことを意味したのです。よって、マレーシアは東アジア諸国の中で最も短い期間、最も軽い景気の落ち込みを経験しただけで済んだのです。さらに、リストラクチュアリングのために負った公的債務も少ない額で済ませることができたために、その後の非常に力強い成長が可能になったのです。

危機が去った現在、ＩＭＦでさえも、私たちの主張が思ったほど悪くなかった、おそらくよいものであったと評価しています。マハティール首相がやったことは正しかったのです。

彼はどうしてＩＭＦの助言を拒否したのか、という質問を私はよく受けました。そうした国はマレーシアだけです。私自身、この質問をマハティール首相にしたことがあります。彼はＩＭＦにノーと言った唯一の指導者だったのですが、彼は、「インドネシアの状況をよく観察していたからです。ＩＭＦのプログラムが逆に作用するのを目のあたりにしていましたから」と言いました。

非常に興味深い話なので、このことについては『世界を不幸にしたグローバリズムの正体』の中にも書きました。インドネシアにおいては、緊縮財政がとられていました。一九九七年一二月に、Ｇ７とこの地域のすべての国の中銀総裁、蔵相がクアラルンプールに集まり、会合が持たれました。そこにＩＭＦの当時の専務理事であるカムドシュ氏が出席していました。私は、世銀の考え方を説明して、「もしあと六ヵ月ＩＭＦがプログラムを続行するなら、インドネシアでは暴動が発生するでしょう」と申し上げました。

インドネシアには、歴史的に民族間に軋轢があります。暴動について研究してみるとよく理解できることですが、暴動には根本的に共通するところがあって、暴動が非常に起こりやすい背景というものが存在するわけです。これも学際的な研究対象の一つです。カムドシュ氏はこう言いました。「痛みを伴うのはあたり前のことだ、耐えるしかないんだ」と。全く同情の念はなかったわけです。残念なことに、ここでも私の言っていたことは正しく、それから五ヵ月半後に実際に暴動は起こってしまいました。

マハティール首相が言っていたことは、マレーシアはそれを絶対に回避しなくてはならなかった、ということです。マレーシアは四〇年前にこの暴動を経験していたのです。彼らはその後、積極的差別是正措置などを取り入れ、国家を統合する努力をしてきていました。「もしＩＭＦのプログラムに従っていたら、その努力が水の泡になってしまうところでした」と、マハティール首相は言っています。彼は、「他に選択肢はない」という考え方を持っていました。

質問者3　民間の研究所の者です。

マレーシアほどＩＭＦの勧告を無視し続けたわけではありませんが、日本も市場開放とか規制緩和とか、そういったＩＭＦからのサジェスチョンをある程度無視し続けた国だと思います。それにもかかわらず、日本の経済はよくならなかった。そしてまた、九〇年代まで日本の金融機関はＩＭＦや世銀に対して多額の資金も供給して、協調融資などを行ってかなり大きなプレゼンスを保っていたわけですが、そのプレゼンスも消えてしまいました。

そういったような九〇年代から今までの、これは国際金融機関という観点ではなく、さらにそれを超えてグローバリゼーションという観点から見た時、日本は果たしてグローバリゼーションの恩恵を受けた国なのでしょうか、それとも受け損なった国なのでしょうか。どう思われますか。

スティグリッツ　日本は、他の東アジア諸国と同様にグローバリゼーションによってかなりの恩恵を受けていると思います。先ほど申し上げましたが、日本経済の成長の最も重要な時期において、その成長は輸出の増大に基づいたものでした。そしてもう一つの日本の成功要因は、海外技術の導入でした。海外からの技術導入および輸出が、最も重要な成功要因に含まれることは、疑いの余地がありません。ですから、日本はグローバリゼーションの受益国であったということが言えると思います。

あなたの悲観的な指摘に対して、もう一点指摘しておきたいのは、IMFの言うことはすべて間違っているわけではないということです。IMFは国々に対して、予算の制約の中で何とか生計をたてなくてはならないと言います。多くの場合、それは正しいのです。私はグローバル金融市場の不安定性が一層高まることを懸念しています。一国において債務過剰になると、その国の経済は非常に不安定化してしまいます。よって、IMFのメッセージはしばしば重要性を持っていると思います。ですから、IMFの言うことの逆のことをするということは、必ずしも正しいことではありません。

私が言わんとしていることは、取捨選択をすべきだということであります。IMFの助言の中で、何が合理的であり、何が合理的でないのかをよく考え、それを実行したりしなかったりすることが大切です。重要なのは、各国が自分のためになるのは何なのかということを考え、みずから選択を行うことです。

IMFのプログラムの問題点は、彼らはその国の国民ほどは、その国についてよく知らないということです。アメリカの例を挙げましたけれども、彼らはアメリカで何が起こっているのか分かっていなかったわけです。そのほかの場合でも同じです。だからこそ、私は各国の経済政策は各国が責任を負うべきだと考えるのです。

藪下　残念ながら、時間がなくなってまいりました。たいへん申し訳ありませんけれども、これで質疑応答を終了させていただきます。非常に刺激に富んだ講義をありがとうございました。これをもちまして、スティグリッツ教授の特別講義を閉会させていただきます。

第二部　スティグリッツ講義解説

荒木一法

スティグリッツ教授の講義、いかがでしたか。講義内容に関心を持たれた方は、是非、本書第三部を手がかりにスティグリッツ教授の著作や関連文献をお読みください。この章では、今回の講義と本書第三部、教授の著作や関連文献への「橋渡し」となるような解説を試みます。具体的には、翻訳にあたって便宜上行ったパート分けに従い、それぞれのパートでの講義内容を要約し、重要なポイントのいくつかについて説明を加えます。

一　グローバリゼーションの功罪について

「ベスト・プラクティス」と現実の乖離

講義ではまず、グローバリゼーションが簡潔に定義され、それが各国に与えた影響、とくに発展途上国に与えた影響が論じられました。

「グローバリゼーション」の定義を確認しましょう。それは、制度上の規制緩和ないし自由化によって、国家間の労働や財・サービス、そして資本の移動が活発になった結果、国家間の相互依存関係が強まったことを指します。事実、関税等の貿易障壁が縮小・削減されたことで貿易は拡大し、各国が資本市場・金融市場を自由化したことによって資本の移動も活発になりました。

このような一連の「自由化」が推し進められた背景には、公的機関の介入を可能な限り排除した自由な市場経済こそが各国経済の潜在力を最大限に引き出す「ベスト・プラクティス」であり、どの国もそれを採用することによって豊かになれるのだという、かなりナイーブなアイデアがあったのです。事実、日本でもひと頃、「グローバル・スタンダード」という表現が呪文のように唱えられました。日本に限らず多くの国で、繁栄するアメリカを真似すること、つまり、アメリカ型資本主義を自国に移植することで、自国もアメリカのような繁栄を手にすることができるという考えが、漠然とした形で多くの人の心を魅了していたかのように思われます。

一方で、「ベスト・プラクティス」の導入に反対する声もありましたが、それが拡がっていくことはありませんでした。その理由は、反対論の多くがしっかりとした論理を欠いていたり、特定の利害関係に縛られていたりしたため十分な説得力を持たなかったためではないかと思われます。

そのような従来からあった反対論とは異なり、スティグリッツ教授によるグローバリゼーション批判は、大きな反響を呼びました。なぜなのでしょうか。もちろん、華麗な経歴に加えノーベル賞受賞者という経済学者としての名声がその影響力に大きく寄与したことに疑いの余地はありません。しかし、私は、ある議論が十分な説得力を持つためには、主張する人の名声だけでなく、その議論が現実をしっかり見据えたものであると共に論理的裏付けを持っていることが不可欠であると考えます。教授の議論が強い影響力を持ちえたのは、現場主義が貫かれた「現実」の観察と経済理論による「論理」の両輪によってしっかりと支えられていたからではないでしょうか。

今回の講義でも、教授はまず聴衆にむかって、まず現実をしっかりと直視することを訴えかけ、一連の「自由化」が人々の暮らしを豊かにするはずだとされていたにもかかわらず、そうはならなかった、という「現実」を雄弁に語りました。グローバリゼーションが進行する過程で、一部の国や人々は大きな恩恵を受けた一方、多くの発展途上国が経済危機に苦しみ、最も貧しい人々の生活水準が下がってしまいました。国家間や個人間に存在する不均等を拡大させてしまったという理由で「グローバリゼーション」に対し「失敗」の烙印が押されたのです。

続いて、なぜ、成功が約束されていたはずのグローバリゼーションが失敗してしまったのか、その理由を考えるヒントとして、グローバリゼーションから恩恵を受けることに成功した「例外」としての東アジア諸国や南米チリが語られました。これらの国々は急速な経済成長を遂げると共に、その過程で貧困を削減することにも成功したのです。これらの国の政府の行動を簡潔に紹介され、失敗と成功を分けた理由が、「自由化」の「進め方」にあることが示唆されました。そして、とくに資本市場の自由化に問題が多いことが指摘されたのです。

二つの主張

講義の導入部であるここまでの内容は、次のような主張としてまとめることができます。

〈主張1〉 無原則かつ急速な自由化は途上国にとってマイナスである。特に資本市場の自由化には高いリスクが伴う。したがって、国際機関や各国政府はそれぞれの目的と各国の事情に合わせて「自由化」の順序とタイミングを適切にコントロールすべきである。

数々の具体例が挙げられているように、留保条件なしの自由化は、途上国が直面する問題を改善するどころか、むしろ悪化させてきたのです。それはなぜなのでしょうか。今回の講義でも少し触れられ、本書第三部で解説されるように、教授は市場の限界を示す理論研究において指導的な役割を果たしてきました。この主張は教授の長年にわたる経済理論研究によって支えられているのです。この主張を正しく理解するために気をつけなければならないことは、教授は市場メカニズムが果たす重要な役割を否定しているわけではない、ということです。ここで否定されているのはいわゆる市場原理主義、やや乱暴な言い方をすると、「何でも市場に任せろ」という考え方です。教授は「市場原理主義に身をゆだねることなく、市場の性質をよく理解し、目的に照らしてコントロールすることを目指すべきである」と主張しているのです。

この主張が意味するところを具体的に理解していただくために、今回の講義の打ち合わせで教授と交わした会話の一部をご紹介します。

打ち合わせの折、資本市場の自由化に話が及んだ時、私は教授に「イングランドのサッカークラブ、チェルシーの会長ローマン・アブラモビッチ氏の行動についてどう考えられますか」と質問しました。サッカーにあまり興味のない方のために少し説明しますと、アブラモビッチ氏はロシアで民営化された石油・天然ガスビジネスから巨万の富を築き、イングランドの名門チームを買収したばかりか、その豊富な資金力で有力選手を次々に買い集めたことで一躍有名になった人物です。資本移動が自由化されたことで、ロシアの石油ビジネスであげた収益を西欧のサッカービジネスに「投資」することも可能になったのです。

教授の答えは明快でした。「彼の行動は資本市場の自由化の問題点を示す一つの例だと思う。ロシアの天然資源からあがった収益はロシア国内で、その社会的な基盤をととのえるために再投資されるべきでしょう。サッカーに使われる金はロシアの経済成長になんのプラスにもならない」。

後の議論に関係するので、この会話の続きもご紹介します。私はさらに質問を続け、「途上国や移行経済国における自由化の順序やタイミングは何を基準に決めればよいのでしょうか」と聞きました。教授の答えは「政策の優先順位、タイミングは貧困層の生活改善につながるかどうかで判断されるべきだ。私はそれが正しいことだと信じる」というものでした。講義でも具体例への言及を通じて何度も示唆されるもう一つの重要な主張をまとめておきましょう。

〈主張2〉 公的機関は貧困層の生活改善に取り組むべきである。貧困の削減によって社会的連帯感が強まり、ビジネス環境が改善され、経済成長が実現する。そして経済成長がさらなる貧困の削減を可能にし、好循環が生まれる。

教授がこのような考えを持たれていることを意識して講義録と本書第三部を読まれると一層理解が深まるのではないかと思います。

二　国際金融機関の役割について

市場が機能しない条件

このパートでは、公的な国際機関の役割、とくに国際金融機関が担うべき使命が説明されました。その使命を端的に表現すると「グローバルな市場の失敗の是正」となります。

市場の失敗とは、市場が効率的な資源配分に失敗する状況を指し、その代表的原因が外部性や公共財です（詳しくは第三部をご覧ください）。言い換えますと、外部性が存在する状況では、市場は効率的な資源配分を実現できないのです。また、グローバリゼーションによって国々の間の相互依存関係が強まったために、市場の失敗の原因もグローバル化しました。グローバルな外部性、グローバルな公共財の重要性が増したのです。

教授は、その典型例として地球環境問題と経済の安定を挙げ、そのような問題に対処するには国際的な協調行動が必要となることを指摘し、その協調行動をコーディネートすることが公的な国際機関が担うべき使命だとされました。そして、とくに「経済の安定化」を国際金融機関が担うべき重要な使命として位置づけられました。その理由は、ある国において経済が不安定化し危機が発生すると、それが伝染病のように他国へと伝播することにあります。

実は、この市場の失敗に対する見方がスティグリッツ教授の主張と市場原理主義者の主張を分ける一つのポイントであり、先ほどの〈主張1〉の理論的バックグラウンドにもなっているのです。

教授が講義で指摘されたように、経済学者は市場がうまく機能する条件を明らかにすることに腐心してきました。そして、二〇世紀の半ばにケネス・アロー教授やジェラード・ドブリュー教授らによって、どのような条件の下でなら市場はよい結果（効率的な資源配分）をもたらすことができるのかが明らかにされたのです。その理論的内容にここで深く立ち入ることはできませんが、市場がよく機能する条件について簡単に説明しましょう。

市場がうまく機能し効率的な資源配分を実現するには、すべての財が市場で取引され、その価値や費用を正確に反映した価格が形成される必要があるのです。しかし、現実の経済においては、それが実現していません。なぜなら、株式市場のようによく整備された市場はむしろ例外ですし、市場そのものが全く存在しないケースが多々あるからです。そのように市場が欠落した状況を不完備市場と呼ぶのですが、教授はご自身の理論研究を通じて、なぜ市場が欠落するのか、不完備市場において何が起こるのかについて新たな洞察を提示してきたのです。

その結論を要約すると、「市場の欠落は非常に本質的なので市場の失敗は広範に起こりうる」ということになります。この結論を端的に表したのが講義中使われた「見えざる手は見えないのではなく、存在しなかった」という表現です。

市場原理主義者との違い

一方、教授が市場原理主義者と呼ぶ人たちは、市場の不備や欠落を助長しているのがさまざまな規制や政府による介入だと考え、それらの削減や撤廃によって市場の機能が高まり、経済効率性が増すと主張します。これは市場の失敗の主たる原因が政府行動にあるという考え方です。教授もそのような「政府の失敗」が存在しそれを避ける必要があるという点については、論敵「市場原理主義者」と意見を同じくしていますが、市場の失敗が情報の不完全性・非対称性によって起こることを重視し、そのような場合には政府による適切な介入がかえって効率性を上げると主張しているのです。

さらに、両者を分ける重要な相違がもう一つあります。それは資源配分の効率性以外の問題をどう考えるかについての違いです。教授が講義で強調されたように、仮に市場が効率的な資源配分に「成功」したとしても、それが貧困層の生活改善や、多くの人が社会的正義と考える結果につながるとは限りません。教授は効率的資源配分以外の社会的目標にも十分に目を配るべきだとし、またそうすることで、経済の長期的成長や安定が実現するのだと主張します。これが〈主張2〉とした教授の考えに対応します。

これに対し、市場原理主義者たちは、貧困の問題などは資源配分と切り離して考えるべきだとするか、あるいは、効率的な資源配分が実現すると経済が成長しその恩恵が最終的には貧困層にも及ぶので貧困問題が軽減されると主張します。

両者の間での論争は、政策レベルだけでなく、アカデミックなレベルでも続いています。この論争に興味を持たれた方は本書第三部を手がかりに関連文献をお読みください。

三　ＩＭＦの失敗と経済危機の原因について

ＩＭＦが批判される理由

このパートでは、ＩＭＦに焦点が絞られ、ＩＭＦが与えられた使命を果たしてこなかったことが論じられました。教授のＩＭＦ批判の厳しさに驚かれた方もいらっしゃるのではないでしょうか。

ＩＭＦの主たる使命を確認しましょう。それは、経済の安定、とくに国際金融システムの安定でした。「経済の不安定性」ないし「経済危機」を病気にたとえるならば、この病気の治療と予防を担当する専門医がＩＭＦということです。ＩＭＦは専門医として病気の治療（経済危機への対処）と予防（経済危機を未然に防止する諸政策の実施）に取り組んできたのですが、その治療および予防実績を教授は厳しく批判します。

さらに、教授はこの専門医が専門以外の疾病（開発問題や移行経済問題）の治療に乗り出したことにも批判的でした。このような批判に対してＩＭＦはどう答えているのかについて関心を持つ方は、ＩＭＦのＨＰ（http://www.imf.org/）をご覧になってください。ここでは、教授がＩＭＦをなぜ厳しく批判したのか、その理由を三つにまとめ、講義とは異なる順序で整理してみましょう。

第一の理由は、経済危機に対するＩＭＦの対応がかえって危機を深くしたこと、すなわち誤った治療方針をとったことにあります。具体的には、ＩＭＦが行った順循環的な融資ならびに融資条件とＩＭＦによる救済措置がもたらしたモラルハザードによって経済が一層不安定化してしまったことが論じられました。

第二の理由は、ＩＭＦによる経済危機の予防措置が不適切かつ不十分であったことです。ＩＭＦが奨励した途上国における資本市場、金融市場の自由化によって経済がかえって不安定化したことと現行の国際金融システムに内在する危機の原因にＩＭＦが対処してこなかったことが論じられ、とくに後者については、リスク移転市場の不備と準備制度が持つ矛盾点が指摘されました。

第三の理由は、ＩＭＦが本来の使命とは別の問題に取り組み、かえって問題を悪化させてしまったことです。具体的には、経済の安定化を主たる目的としない、途上国への開発融資と移行経済への融資ならびに融資条件がかえってこれらの国々の経済を不安定化させ、成長をも阻害してしまったことが指摘されました。

教授が挙げた論点は何れも非常に重要なものです。とりわけ準備制度とそれに関連する米ドルに関係する問題点は世界経済の重大な不安定要因です。しかし、この問題はあまりに大きいため、この小解説では順循環的な融資が持つ問題点とリスク移転市場の不備に絞って補足説明を加えることにします。

順循環的貸し付けの問題点

伝統的なケインズ流のマクロ経済学の教科書に従えば、経済安定化を図るには、不況の際には拡張的な財政・金融政策（政府支出とマネーサプライの増加）が求められ、好況の際には緊縮的な財政・金融政策（政府支出とマネーサプライの抑制）が求められます。すなわち、安定化のためには、逆循環的な財政・金融政策が採られるべきなのです。

しかし、ＩＭＦによる融資ならびに融資条件は、危機にある国に対し緊縮的な財政・金融政策を求める順循環的なものでした。これは、教授の言葉をそのまま使えば、「市場原理主義」的治療方針、もう少し柔らかい表現を使うと市場が持つ「自然治癒力」に任せる治療を意味します。その意図はどうあれ、ＩＭＦの行動は、民間金融機関が債権の回収可能性を重視し、「晴れの時に傘を貸したがり、雨の時には取り上げようとする」と言われるのと同じものでした。民間金融機関は、景気の悪化によって企業の業績が悪化した場合や、土地などの担保価値が下がった場合、資金を回収しようとします。そうすると企業による投資が抑制され景気がさらに悪化するという悪循環が生まれます。

結果的に、ＩＭＦは、民間金融機関の行動によって金融システムを通じ危機が拡大するのを防ぐどころか、それを助長させてしまいました。民間金融機関の行動が金融システムを通じて景気の波を拡大してしまうという「市場の失敗」をＩＭＦが軽視したことが危機の拡大につながってしまったのです。強い発言力を持つ先進国とは異なり、経済危機に苦しむ途上国の政府・中央銀行はＩＭＦの助言を拒否するという選択肢を事実上持ちません。したがって、途上国における経済危機への対応においてＩＭＦはたいへん重い責任を負っているのです。

リスク移転市場の不備

リスク移転市場の不備についても少し補足します。講義でも言及されたボルカー議長の下での高金利政策によるＳ＆Ｌ危機を例にとりましょう。この危機の背景には、Ｓ＆Ｌ経営者のモラルハザードと共に、Ｓ＆Ｌが抱えた大きな逆ザヤがありました。Ｓ＆Ｌは変動金利で調達した資金を、長期固定金利の住宅ローンとして貸し付けていたのですが、そこに高金利政策による金利の高騰が起こり、大きな逆ザヤを抱えて経営危機に陥ったのです。

この危機をきっかけに急速に普及したのが金利スワップと呼ばれるリスク移転の「仕組み」です。その概要を簡単に説明しましょう。Ｓ＆Ｌが大手銀行に対し住宅ローンから得る固定金利を支払う代わりに大手銀行はＳ＆Ｌに対して変動金利を支払う約束をすることによって、固定金利と変動金利を交換（スワップ）するのです。結果として金利の変動リスクは資本に余力のある大手銀行に移転され、S&Lは救済されたのです。

　教授はこのようなリスク移転の仕組みが途上国と先進国の間に存在しないために、度重なる危機が起きていると指摘したのです。途上国は外貨での借り入れを行うことによって、金利変動リスクと為替リスクという二重のリスクにさらされているにもかかわらず、十分な保険をかけることができないでいるのです。また、講義でも指摘されたように救済によるモラルハザードによって保険をかけるインセンティブが弱まっていることも否定できません。教授はＩＭＦがこのようなシステムの不備に対処してこなかったことを問題視しているのです。

四　ＩＭＦの改革について

意思決定過程をめぐる一大論争

このパートではここまでに指摘されたＩＭＦの問題点をふまえ、ＩＭＦ改革の方向性が二つ示されました。

第一に、ＩＭＦはその本来の使命、経済の安定、国際金融システムの安定に専念し、開発融資や移行融資からは手を引くべきであること、第二に、ＩＭＦがその本来の使命を果たすためには組織改革が必要であること、が論じられました。そして組織改革の具体的内容として意思決定過程の「民主化」および「透明化」が強調されたのです。

講義の中でも指摘されているように第一の点については幅広い合意があるので、ここでは第二の提言についてのみ補足します。教授は、ＩＭＦがその使命を果たしてこなかった理由の一つが、意思決定過程が非民主的かつ不透明であったためであると主張します。ＩＭＦにおけるアメリカ財務省の発言権があまりに大きかったためにその意思がＩＭＦの行動を左右してきたこと、そしてアメリカ財務省が民間の金融界と深く結びついていたために、ＩＭＦの意思決定に民間金融界の利害が強く反映されてきた疑いがあることが指摘されました。

教授がこの主張をはじめて公にした時から、一大論争が巻き起こりました。今回の講義の中でも具体的人名こそ挙げられなかったものの、少し事情に通じている人にはすぐに分かる表現でルービン元アメリカ財務長官と共にCitigroupに転じたスタンレー・フィッシャー元ＩＭＦ副専務理事に言及されたように、教授はフィッシャー氏を厳しく非難したのです。激しい論争が起こり、当事者以外の周辺からは個人の人格攻撃に近い発言が飛び出すなど、傍目から見るとさながら遺恨試合の様相を呈したほどです。この遺恨試合に興味がある方は（あまりいい趣味だとは言えないかもしれませんが）、ネットをうまく検索すると戦いの痕跡をあちこちで見つけることができるでしょう。

しかし、教授ご自身はこの論争を他の論争と同じくらい楽しんでいるのかもしれません。何れにせよ教授の主張はシンプルです。たとえそうでなくても利益相反が疑われるような行動をとるべきではない、李下に冠を整《ただ》さず、それだけを主張されているのではないでしょうか。攻撃する言葉にはなかなか厳しいものがあり、相手が怒るのも分かる気がしますが。

「民主化」と「透明化」に向けて

話が少しそれてしまいました。ＩＭＦにおける意思決定過程の民主化、透明化に話を戻しましょう。人事、政策決定全般において、債権国である先進国の意思が強く反映され債務国である途上国の意思がほとんど反映されてこなかったことが問題の一因である、というのが教授の主張でした。また、意思決定過程が不透明であるためにコスト・リカバリーという一見無害な表現で初等教育が有償化されてしまったことが指摘されました。

教授がパキスタンにおける初等教育有償化の影響について語られたことを思い出し

てください。「公立校に行けなくなった貧しい子供たちはどのような学校に行き、そこで何を習ったのか」。教授はおそらく、初等教育の有償化によって貧しい子供たちがイスラム原理主義に感化されるリスクが高まってしまうことを指摘したかったのでしょう。

講義での表現をそのまま拝借すると「一般均衡論」的な見方、やや嚙み砕いた表現を使うと「広い視野」が国際機関による政策決定に求められるのです。そして、そのような政策決定には意思決定過程の民主化、透明化が不可欠であるというのが教授の主張なのです。

このような教授の考えについては第三部で詳しく解説されるので、ここでは、講義後の質問に対する教授の答えから、教授の考える「民主的」意思決定が具体的にどのようなものを指すのか、想像してみることにしましょう。

講義録にも収められているように、質問者に対する答えの中で、教授は世界銀行の方がＩＭＦよりも民主的に運営されているとし、その理由として、ＩＭＦの意思決定過程への参加者が各国財務省や中央銀行関係者に偏っているのに対し、世界銀行では、開発省関係者などかなり意見の異なった人々も発言権を持っていることを挙げます。これにつづけて教授は「たとえばクレア・ショートのような」と、具体的人名を挙げました。クレア・ショート女史は、前イギリス開発相でブレア政権のイラク攻撃に反対して閣僚を辞任した、イギリス労働党の中でも最も左寄りとされる人物です。およそ教授とは意見が合いそうにありません。おそらく教授にかなり強烈な印象を与えたために、自然に名前が挙がったのでしょう。民主的意思決定が機能するには、意思決定に関与する人々が広い視野を持つと同時に、幅広い見解が提示され議論される必要があることを教授は強調したかったのではないかと推測します。

講義の最終部分で、教授は「民主化」および「透明化」に実が伴うためには、私たち一人一人が重要な政策決定を担う国際機関の行動に注目することが必要だと強く訴えました。そうすることで、国際機関においても多様な国際世論を反映された議論が行われ、よりよい意思決定につながるのです。この教授の信念に私は深い共感を覚えました。

世界各地で起こっている経済的、政治的不安定さがもたらす悲劇を解消できる即効性のある万能薬は、残念ながらないのかもしれません。しかし、われわれ一人一人が関心を持って各国政府や国際機関の行動を見守るという地道な行動が、ジワジワと効いてわれわれの住む世界をよりよくすることにつながるという教授のストーリーを私は「買い」たいと思います。

この講義録が、グローバリゼーションが持つ諸影響と国際機関の行動に対する皆さんの関心を高める一助となれば幸いです。

第三部　スティグリッツの経済学とグローバリゼーション

藪下史郎

本書ではこれまで、第一部でグローバリゼーションのもたらす経済的効果、国際機関の果たすべき役割、およびＩＭＦなどの国際金融機関の改革に関するスティグリッツ教授の講義録をまとめ、第二部ではその講義の意味するところを解説してきた。本章では、この講義の裏付けとなるスティグリッツの経済学がどのようなものであるか、またそれが新古典派経済学とどのように異なるかについて論じてみる。そしてスティグリッツの経済学がどのようにして形成されてきたか、またこれからどのような方向に進化しようとしているのかについても触れてみよう。

一　新古典派経済学

一九六〇年代のアメリカ

スティグリッツは一九六〇年代に、リベラルアーツ・カレッジとして有名なアマースト大学で学び、そしてマサチューセッツ工科大学（ＭＩＴ）の大学院に進み、ノーベル経済学賞を受賞した二人の経済学者、ポール・サムエルソン教授（一九七〇年受賞）とロバート・ソロー教授（一九八七年受賞）の下で学んだ。当時の経済学は、完全競争市場を前提とした新古典派経済学が中心であり、経済成長理論などが大いに発展したが、ＭＩＴはそうした経済学発展のメッカであった。

一九六〇年代初頭のアメリカ経済は不況と財政赤字に苦しんでいたが、失業率は実に五・五％を超えていた。若き大統領ジョン・Ｆ・ケネディが六一年に政権の座についたことは、多くのアメリカ人に大きな希望を与えることになった。ケネディ政権はその時減税政策をとることによって景気を刺激し、その結果財政赤字を解消しようとしたのである。そして政策は成功しアメリカ経済は復活した。すなわち、六〇年代半ばには失業率は四％近くまで低下すると共に、実質経済成長率は五・五％を示した。そうした政策を推し進めたのは、サムエルソンなどが唱えた新古典派総合という考えを実践したジェームス・トービン（経済諮問委員会委員を務め、その後一九八一年にノーベル賞受賞）などの経済学者であった。

しかし六三年一一月のケネディ暗殺後大統領に就任したジョンソンは、国内的には貧困との戦いを第一とした「偉大なる社会」政策をとる一方で、六〇年代半ばからベトナム戦争を拡大・長期化し、泥沼に入り込んでいった。その結果、軍事支出増大のため財政状況は悪化し、インフレが引き起こされることになった。

六〇年代はまた社会的にも大きな転換期であった。すなわち、黒人やマイノリティに対するさまざまな差別を撤廃しようとする公民権運動が高まった時期であった。運動は六三年の二〇万人が参加したワシントン大行進で最高潮に達し、六四年には連邦議会が強力な公民権法を制定した。ワシントン大行進で行われたマーチン・ルーサー・キング牧師の有名な演説「私には夢がある（I Have A Dream）」は、アマーストト大学の学生として大行進に参加していたスティグリッツのその後の活動に大きな影響を与えてきた。しかし六〇年代後半は、ベトナム戦争に対する反戦運動が活発化し、また公民権運動においても黒人分離主義など急進派が台頭する中、社会的に混乱が顕在化した時代である。

新古典派経済学のエッセンス

新古典派経済学では、企業や個人の私的利益の追求と市場における価格の調整機能を重視する。すなわち、企業や個人がそれぞれ私的利益を最大化するようにさまざまな財やサービスの供給や需要を決定する。そのように決定された需要と供給は市場においてそれらが等しくなるように価格が調整される。そうした市場メカニズム、すなわちアダム・スミスの言う「神の見えざる手」によって社会的に望ましい資源配分が実現されると主張される。

こうした新古典派経済学のエッセンスは、簡単に図5で示される需要曲線と供給曲線を用いて示すことができる。図はケーキ市場の需給を示しているとする。縦軸にはケーキの価格、そして横軸にはケーキの需要量と供給量がとられている。右下がりの曲線は、ケーキに対する需要曲線であり、それはケーキの価格が低下すると需要量が増加することを示している。たとえば、ケーキの価格が三〇〇円の時には、Od_3の量のケーキが需要され、また一〇〇円の時には需要量がOd_1になるのである。一方、右上がりの供給曲線は、ケーキの価格が一〇〇円の時にはOs_1だけ供給され、三〇〇円

〈図5〉　ケーキの市場

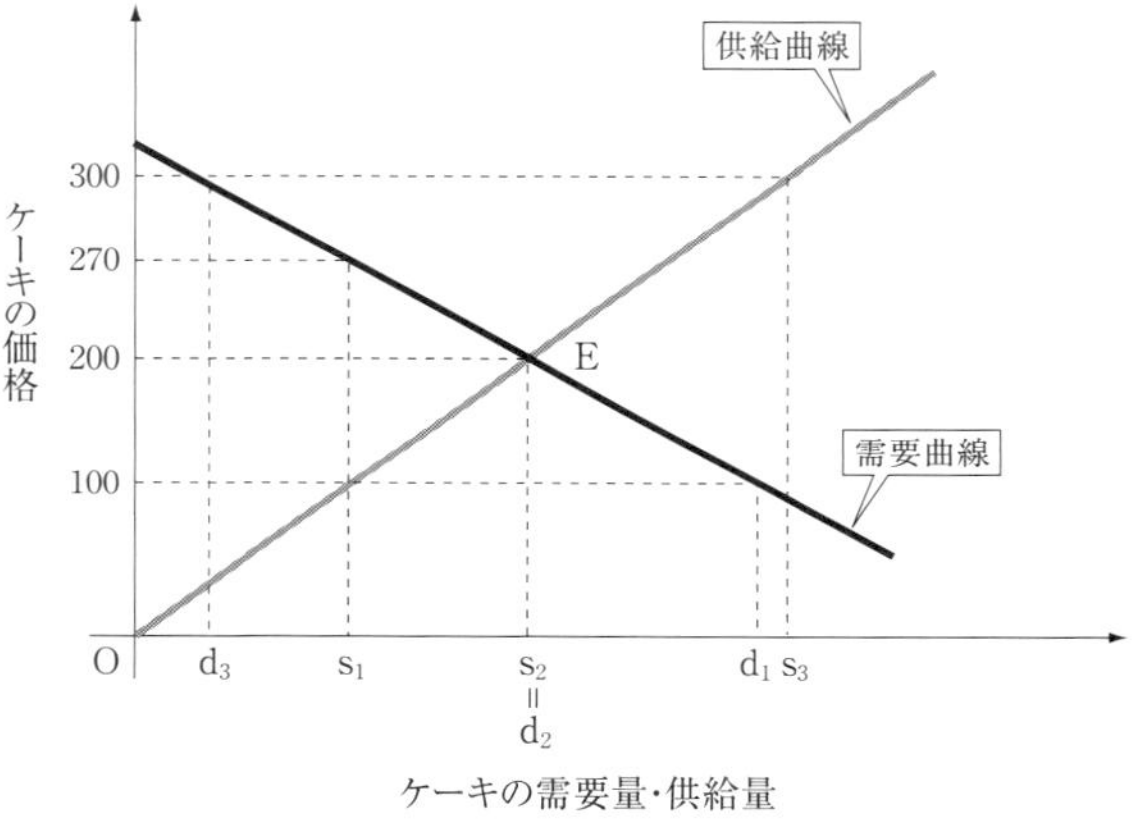

の時には供給量がＯs_3になることを示している。そして完全競争市場においては、価格が需要と供給を等しくするように調整され、市場価格は需要量と供給量が等しくなる均衡価格に落ち着く。図ではケーキの均衡価格は二〇〇円であり、均衡の需要量と供給量はそれぞれＯd_2とＯs_2であり、Ｏd_2＝Ｏs_2となっている。

もし市場価格が均衡水準より高いならば、たとえば三〇〇円の時には、供給量が需要量を上回り、s_3d_3だけの売れ残りが生じるため、価格は下落しようとする。逆に価格が均衡価格よりも低い時には、需要量が供給量を上回り、価格を押し上げようとする。したがって市場価格が均衡水準になると、ケーキの需要量や供給量に外から何らかのショックが加えられないかぎり、ケーキの市場価格は変化しようとはしない。

以上のような市場メカニズムで実現される均衡では、ケーキの需要量と供給量が等しくなることによって、資源配分が効率的なものになる。需要曲線と供給曲線は次のような意味合いを持つと説明することができる。

需要曲線は、消費者がケーキの需要をもう一個増加するために支払ってもよいと考える金額を示しており、需要量が多くなると、（消費者はケーキに飽きてくるため）もう一個消費するために消費者が支払ってもよいと考える金額は少なくなることを示している。たとえば、需要量がOd_3の時、消費者はケーキをもう一個消費するために三〇〇円支払ってもよいと考える、言い換えれば、追加的なケーキ一個は消費者にとって三〇〇円の価値があるのである。市場価格が二〇〇円であるとすると、消費者はその追加的な消費から一〇〇円（＝３００－２００）分得をすることになる。すなわち、ケーキの追加的消費からの余剰は一〇〇円である。

一方供給曲線は、もう一個のケーキを追加的に生産するために必要となる追加的な費用（それは限界費用と呼ばれる）を示している。たとえば供給量がOs_1である時、もう一個ケーキの供給を増加するためには、一〇〇円の追加的費用が必要となる。もし市場価格が二〇〇円であるならば、生産者は一〇〇円（＝２００－１００）の追加的利潤を得ることになる。

社会全体から見るともう一個ケーキを増加させることから得られる利得は、それによって消費者が得る余剰と生産者が得る利潤の合計であり、需要曲線と供給曲線との垂直距離ではかられる。

たとえば、図５で生産量がOs_1である時、ケーキをもう一個生産することの社会にとっての便益は一七〇円（＝２７０－１００）となる。

このように需要曲線が供給曲線の上方に位置する生産量では、追加的な一個のケーキに消費者がおく価値が限界費用を上回っているため、社会全体として利益をもたらすことになる。したがって社会的に見ると、需要曲線と供給曲線が交わる生産水準まで生産することによって、消費者余剰と利潤の合計である総余剰は最大になる。逆に、その産出量を超えて生産量を増加すると、追加的に必要となる費用が、消費者が支払ってもよいと考える金額を上回るため、総余剰は減少することになる。すなわち完全競争市場においては、総余剰が最大になる効率的な生産量が実現されるのである。

多数の財・サービスが存在し、それらの市場が相互に依存しあう経済を対象にする一般均衡分析においても、それぞれの市場においては需要と供給が一致するように価格が調整され、市場均衡が実現され、そこでは資源配分は効率的になることが示された。これは厚生経済学の基本定理と呼ばれ、ケネス・アローやジェラード・ドブリューらの経済学者によって明らかにされてきた。

こうした新古典派経済学は現実のさまざまな経済問題を分析する上で有用であるが、市場メカニズムによって効率的な資源配分が達成されるための前提条件はかなり厳しく、多くの経済や市場ではそうした条件は満たされていない。より詳しい議論については、たとえば藪下史郎『非対称情報の経済学―スティグリッツと新しい経済学』（光文社新書、二〇〇二年）を参照されたい。

しかし新古典派経済学的な考え方は、政策当局者をはじめ多くの人々によって信奉されている。その一つがワシントン・コンセンサスと呼ばれる考え方であり、政府介入をできるだけ排し、すべてを市場メカニズムに任せることによって経済はうまく機能するという、市場原理主義（market fundamentalism）である。世界のすべての国が市場原理主義に基づいて経済運営を行うことによって、アメリカ経済のように繁栄を享受することができるというのである。こうした考え方はあまりにも単純すぎるものであるが、ブッシュ大統領をはじめ、アメリカ政府やＩＭＦなどの国際機関が共有する考え方である。

二　非対称情報の経済学

スティグリッツは、新古典派経済学が必ずしも現実の経済の動きを適切に描写していないことにフラストレーションを感じ、ＭＩＴの経済学に満足していなかった。そしてＭＩＴの新古典派経済学とは異なった経済学を求めて、大学院の三年目にフルブライト奨学生として英国ケンブリッジ大学に留学した。スティグリッツは、それ以降も夏休みやサバティカル（研究のための長期休暇）を利用して海外で過ごすことが多く、現在も一年のうちの三分の一を海外に出かけている。行き先は、ヨーロッパのような先進国だけでなく、アジア、アフリカ、南アメリカ、東ヨーロッパなど世界のあらゆる国である。そうした彼の生活パターンは大学院生時代からはじまり、旅行先で異なった文化や社会に出会うことが生活の一部になっているようである。

ケンブリッジ大学では最初の半年、ジョーン・ロビンソンに指導を受けたが、後半はフランク・ハーンに学んでいる。ケンブリッジにおいては、資本主義経済のメカニズム、途上国経済への援助、生産技術の動学的な側面など、その後の彼の研究課題となる経済問題について多く学んだのである。

博士号を取得した後、ＭＩＴは慣例として卒業生をすぐには教員として採用していなかったが、例外として正規の職が見つかるまでという約束で、一年間助教授を務めた。そして一九六七年にイェール大学に正式に助教授として就職し、ミクロ経済学、マクロ経済学、財政学・公共経済学、国際経済学、開発経済学、ファイナンス・金融など理論から応用まで幅広く研究を進めていった。スティグリッツの研究は応用的な分野においても理論分析が中心であった。その研究の一部が、二〇〇一年にカリフォルニア大学バークレー校教授ジョージ・アカロフ、およびスタンフォード大学名誉教授マイケル・スペンスと共にノーベル賞を受賞することになる「非対称情報の経済学」の理論的研究であり、スティグリッツは非対称情報という概念に基づいた経済学体系を構築しようとしてきた。

不確実性とリスク市場

われわれは不確実性の下で生活しており、将来何が起こるかを完全に予測することはできない。企業がある投資プロジェクトを計画する時、それが将来どれだけの収益をもたらすかを予測しなければならないが、それを確実に知ることはできない。またわれわれの生活にとって不可欠な商品、たとえばガソリンの価格が一ヵ月後にいくらになっているかを正確に予測することはできない。また株式などの資産価格は時々刻々変化しており、専門的な投資家でも確実に将来価格を予測することはできない。しかしわれわれはこうした不確実性の下で生産や投資、また消費や資産選択の決定を行わなければならない。

前節の図5では価格が需要曲線と供給曲線の交点で与えられると論じたが、需要曲線や供給曲線はさまざまな要因に依存しており、そうした要因の変化は一方または両方の曲線をシフトさせ、市場価格を変化させることになる。しかしわれわれは、将来どのような要因がどのように変化するかを確実に知ることができない。たとえば、天候は農産物の供給や食品需要などを変化させるが、われわれは将来の天候を見通すことはできない。また原油価格は石油輸出国機構の政策によって大きく左右されるが、われわれはそうした政策を完全には予測できない。われわれは、将来何が起きるかが分からないというリスクに直面しているのである。

経済学においては、こうした不確実性は起こりうる事象とそれが発生する確率で示される。たとえば、一ヵ月後の原油価格が高くなる確率はいくらで、下がる確率はいくらになるということを知った上で、企業などは生産計画をたてる。また投資家がある資産に投資した時、その結果一年後に得られる収益率が二五％か五％かであり、それぞれになる確率が１／２と１／２であるというように示される。

一般的に人々は不確実性またはリスクを好まない。たとえば、投資対象として、上記の収益率二五％と五％がそれぞれ１／２の確率で生じる投資と、一五％の収益率を確実にもたらす投資とがあるとする。投資の期待収益または平均収益は共に一五％（＝２５×１／２＋５×１／２）となる。この時多くの人々は一五％を確実に得る投資を選ぶ。すなわち、１／２の確率で一〇％多くなるよりも１／２の確率で一〇％低くなることを避けようとするのである。これらの人はリスク（危険）回避的であるという。

しかし個々の投資家がどれほどリスクを回避しようとするかは人によって異なるが、このリスクに対する態度は各投資家が直面する状況に依存している。たとえば、どのような資産をどれだけ持っているか、信用のアベイラビリティ、直面する市場状況、所有する情報の量と質など、さまざまな要因によって左右される。

各投資家のリスク回避度は次のように表すことができる。リスクのない投資対象と上記の期待収益率一五％でリスクの伴う投資対象とが無差別となるためには、どれだけの確実な収益率が必要とされるか。たとえば、ある人は確実な収益率が一〇％であればよいとし、リスクを避けるためには期待収益率が五％低下してもよいと考えるが、他の人は一三％であり二％低くてもよいと考えるかもしれない。この場合には、前者の方が後者よりもより強くリスクを回避しようとするのである。投資家の中には、多額の資産額を保有しそれらを多くの投資対象に分散することができたり、また窮状において容易に資金を借り入れることができる人がおり、そうした投資家は必ずしもリスクを回避しようとしないかもしれない。彼らは確実な収益率として一五％を要求する。彼らはリスク中立的であるという。

このように人々の間でリスク回避度に差が存在する場合には、それらの人々の間でリスクを移転することは社会的に望ましく、両者共に利益を得ることができる。リスク回避的な人が上記のようなリスクの伴う投資に直面しているが、もし一〇％の収益率が確実に保証されるならば、収益の確実な投資を選択するとする。この時リスク中立的な投資家は、このリスク回避的な投資家に一〇％以上、たとえば一二％の収益率を確実に保証することによって、引き替えに上記の投資を入手する。これは、リスク回避者が直面していたリスクが、リスク中立的な投資家に移転したことになる。このリスク移転によってリスク回避者にとっては、確実な収益が一〇％ではなく一二％になり、収益率が二％上昇するのに対して、リスク中立的な人にとっては一二％を保証する代わりに一五％の期待収益率を得ることができるため、期待収益率が三％上昇することになる。この場合にはリスクの移転によって両方が利益を得ることになる。実際に両者がどれだけの利益を得るかは、リスク市場の状況によって決定されることになる。

グローバリゼーション下の世界経済において、途上国は為替、資本、生産物、生産要素などのさまざまな市場で価格や需要・供給の不確実性に直面している。しかし途上国が直面する国際市場および国内市場は不完備であり、また情報も不完全であるため、予期せぬ事象に即座に対応することができず、リスクのもたらす悪影響は大きくなる。一方、先進国はリスクに柔軟に対応できるだけの市場条件と経済の大きさと多様性を持ちあわせている。したがって途上国から先進国にリスクを移転することが可能であるならば、またそうしたリスク移転の制度が存在するならば、世界的に望ましい資源配分が可能になるのである。

当然、現実の経済でわれわれが直面している不確実性の問題は、上述したように単純なものではないとの批判がある。たとえば、われわれは将来起こりうる事象とそれらの確率をすべて知ることはできない。ケインズなどは、不確実な状況においては企業や個人は合理的計算に基づいて行動を決定するのではなく、アニマル・スピリッツのような、動物的感覚に従って意思決定すると主張する。

リスク移転と保険市場

前項で論じたリスクの移転が制度的に行われるためには、保険市場が存在しなければならない。保険市場では、特定の事故によって損害を被る多くの人に対して、一定の保険料を支払うことによって事故による損害を補償するという契約を保険会社が提供することになる。保険加入者はリスク回避的であり、保険料を支払うことによって保険に加入し事故による損害からの影響を小さくしようとする。それに対して、保険会社は所有資産も多く分散投資が可能であったり、資本市場へのアクセスが容易であるため、リスク中立的であり、少なくともリスク回避度が小さくなっている。また加入者が多数になると事故発生割合は安定的になり、加入者全体の事故に伴うリスクは小さくなる。したがって保険会社が保険を供給し、加入者がそれを需要することになる。

すべての個人の直面するリスクが同じである場合の保険市場は前節の新古典派的な市場として説明することができる。自動車保険のケースを考えることにする。すべての個人の事故確率は同じであり、事故の際に受ける損害額も同じであるとする。その意味ですべての個人のリスクは同じである。そして保険に加入すると、事故の際保険会社が損害額を保証するが、保険加入のためには保険会社に保険料を支払わなければならない。保険に加入するための保険料は、保険の価格とみなすことができる。

しかしリスク回避度は個人間で異なっているとする。したがって非常にリスク回避的な人にとっては、たとえ保険料が高くても保険を購入しようとするが、それほどリ

〈図6〉　保険の市場
（同質のリスクのケース）

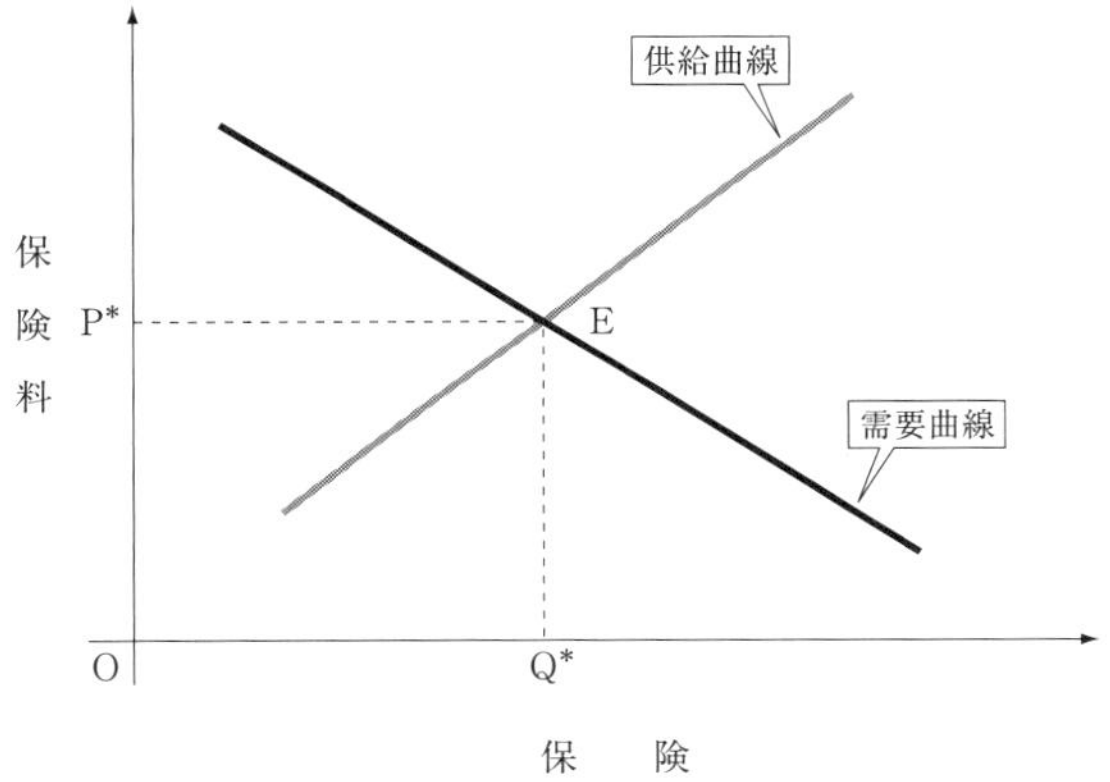

スク回避的でない人は保険に加入しようとはしない。保険料が下がれば、それまで保険に加入しなかった人の中で、比較的リスク回避的な人は保険を購入しようとするため、保険に対する需要は増加することになる。さらに保険料が下がれば、さらに多くの人が加入することになる。このように保険料の低下は保険需要を増加させるため、保険需要は図6の右下がりの曲線で表されることになる。

一方、保険の供給曲線は図5のそれと同じように限界費用、すなわちもう一人の加入者に保険を提供するために追加的に必要となる費用を表すことになる。保険会社が負担しなければならない費用の一つは、事故の際に支払う保険金である。事故発生は不確実であるが、保険会社は事故発生確率を知っている。また加入者が多数になり、かつ彼らの事故発生が互いに独立したものであると、実際の事故発生割合は発生確率に近くなる。その時保険会社が負担すると予想される費用、すなわち期待費用は損害額と事故発生確率の積で与えられる。ここでは、すべての加入者についてはリスクが同じであるとしているため、この期待費用は一定となる。一般的に、保険会社はこの費用に加えて運営のために資本や労働を用いなければならない。こうした運営費用は限界的に上昇していくとすると、保険の供給曲線は図6のように右上がりになっている(ただし、こうした運営費用を無視した時の供給曲線は水平になる)。

ここではすべての加入者が同質のリスクに直面している場合で完全競争の保険市場を考えているが、競争的均衡は需要曲線と供給曲線の交点Eで与えられる。その時の均衡の保険料はP^*となり、保険の需給量はQ^*である。またこの均衡では保険の効率的供給が実現されている。保険加入者が異なったリスクに直面したとしても、保険会社が加入者のリスクを知ることができるという完全情報の下では、この結論は成り立つ。

ここでは簡単に、自動車保険の加入者を二タイプに分けることができ、保険会社は個々の加入者がどちらのタイプであるかを識別することができるとする。一つのタイプは、安全な運転をするため事故の発生確率が低い人たちであり、もう一つのタイプは、スピードを出したり荒っぽい運転をするため事故発生確率が高い人たちであるとする。前者はリスクの小さい加入者であり、後者はリスクの大きな加入者である。もちろんそれぞれのタイプの中でも、各個人が直面する市場条件や彼らの危険回避度は異なっている。彼らは、保険に加入するかどうかは保険料の大きさに依存して決めることになる。

図7の右下がりの曲線D_Lは、リスクの小さなタイプの保険加入者、すなわち彼らの保険に対する需要を示している。これが保険料の減少関数になっているのは、図6で説明されたのと同じである。右下がりの曲線D_Hは、リスクの大きな人たちによる保険の需要曲線である。各保険料において、リスクの大きな人たちはリスクの小さな人たちよりも多く保険に加入しようとする。すなわち、ある保険料において、同じリスク回避度である人のうち、リスクの大きな人が保険に加入することによってリスクを回

〈図７〉　保険の市場
（２種類のリスクのケース）

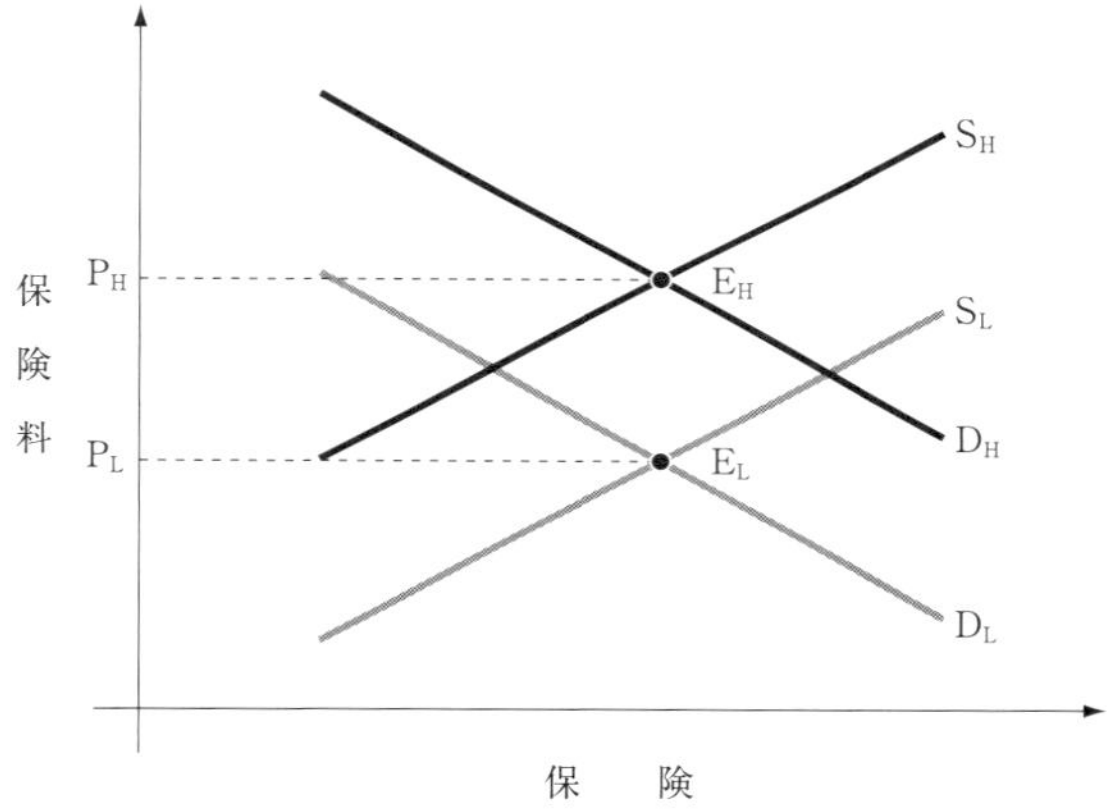

避したいと考えたとしても、リスクの小さな人は加入しようとしないかもしれない。よってD_H曲線はD_L曲線よりも右方に位置することになる。

一方、供給曲線については図６と同じように考えることができる。事故の際に保険会社が支払う保険金が同じであったとしても、事故発生確率はリスクの小さな加入者の方がリスクの大きな加入者よりも小さいため、保険会社が負担する費用はリスクの小さな加入者の方が低くなる。保険供給にかかわるほかの費用については、どちらのタイプについても同じであるとすると、リスクの高い加入者への保険供給のための限界費用は、リスクの低い加入者に対するものよりも高くなる。それぞれの保険供給量に対する限界費用は右上がりの供給曲線S_Hと供給曲線S_Lで示されるが、図に示されるようにS_H曲線はS_L曲線よりも上方に位置することになる。

こうした保険についてはリスクの小さい人に提供される保険市場とリスクの大きな人に対する保険市場とが併存することになる。それぞれの市場において保険料が決定されることになる。大きなリスクの保険市場はS_H曲線とD_H曲線との交点E_Hで均衡し、その時の保険料P_Hである。また小さなリスクの保険市場はS_L曲線とD_L曲線の交点E_Lで与えられ、保険料はP_Lとなる。P_H＞P_Lであり、加入者が掛ける保険料はリスクの大きな加入者の方が高くなっている。

本項では、保険市場が新古典派的な完全競争市場であるとして論じ、保険加入者のリスクに関する情報は完全であると前提してきた。しかしスティグリッツらは、非対称情報が重要な役割を果たす市場としての保険市場を分析し、競争的均衡や効率性に関する新古典派経済学の主張に疑問を呈した。以下では非対称情報、およびそれがもたらす問題について論じることにする。

非対称情報とは

前節で論じた完全競争市場が円滑に機能するための前提条件にはいくつかあるが、それらの条件は密接に関連しあっている。非対称情報の経済学は、その一つの完全情報という前提条件を外す。情報が不完全である場合には市場がどのように機能するのか、そのような市場においては新古典派経済学の主張するように社会的に望ましい結果がもたらされるのであろうか、という問題を検討するのである。

完全競争モデルにおいては、売り手も買い手も取引される財・サービスの価格や質について完全な情報を持っており、かつ彼らは費用なしで取引を行うことができると前提している。もし商品の質が異なっているならば、それらは別の商品とみなされ、別個の市場で取引される。このような市場においては一物一価の法則がなりたつ。すなわち、均衡価格では売り手は利潤を最大にしているため、それよりも低い価格をつけた場合には需要量が増加したとしても、価格が限界費用を上回ることになり、損失を被ることになる。逆にほかよりも少しでも高い価格をつける商店では、商品が全く売れなくなる。したがって一つの市場で取引される財やサービスは同一価格で取引されることになる。

しかし現実に取引される商品の多くは同質なものではなく、すべての人がそうした品質について同じ情報を持っているわけではない。また買い手はすべての商店でどのような価格がつけられているかを知らない。すなわち、市場で財・サービスの価格や質についての情報を得るためには、費用がかかるのである。

たとえば保険市場では、保険加入者はみずからが直面するリスクの程度を知っているとしても、保険会社は個々の加入者について正確な情報を持っていない。また労働市場においても、労働者はみずからの能力についてある程度知っているが、雇用者である企業は採用時においてそれを完全には知ることができない。ほかにも、売り手と買い手の所有する情報量が異なる市場が多い。こうした売り手と買い手の持つ情報が異なり、一方が知っているのに他方が知らないという状況を非対称情報という。このように個人間で情報に差があるということは、情報収集とその処理には費用がかかり、その費用が個人によって異なるということでもある。

逆選択による悪循環

完全競争市場モデルにおいては、すべての財・サービスについて市場が存在し、そこでの取引が効率的な資源配分をもたらすことになる。しかし非対称情報下の競争市場においては、完全競争市場とは異なり、資源配分を歪める問題が生じる。それらはどのような問題であろうか。まず、逆選択問題について論じてみよう。

非対称情報下の保険市場の例として、これまでと同じように自動車保険を取り上げてみよう。自動車保険に加入しようとする人の中には、安全運転をする人もいるし、スピードを出し危ない運転をする人もいる。もちろん、事故を起こす確率は、危険な運転をする人の方が安全運転をする人よりも高いであろう。加入者自身は、自分がどちらのタイプであるかを知っている。一方保険会社は、世の中に安全運転の人と危険な運転の人がそれぞれどれくらいの割合でいるかについては、過去のデータから知っているだろう。しかし保険加入時に、保険会社は各加入者がどちらのタイプであるかを識別することはできない。保険会社は、各加入者について完全な個別情報を持たないのである。

すでに論じたように、完全情報の下では保険会社は、安全運転の人と危険な運転の人とを区別して、事故確率の高いタイプには高い保険料を、また安全なグループには低い保険料を要求することになる。競争的な保険市場においては、それぞれのタイプの加入者に対して保険料が事故確率と支払い保険金から計算される期待保険支払額をカバーするように保険契約を定めるためである。そうした契約は、リスク減少に伴う限界的な費用と便益が等しくなり、効率的な結果を実現することになる。しかし保険会社は、安全な運転者と危険な運転者とを区別できないかぎり、すべての加入者に同じ保険契約を提供せざるをえない（実際には、保険会社は年齢などによって保険契約を変えている。しかし同じ年齢であったとしても、慎重な運転をする人もいれば、向こう見ずな運転をする人もいるため、以下で述べるような問題が同じように生じることになる）。

保険市場が競争的であるならば、保険会社が要求する保険料は加入者全体の平均的な事故確率に基づいて計算されることになる。この平均の事故確率は安全な人の事故確率よりも高く、危険な人よりも低くなる。このように計算された保険料は当然、リスクの大きな加入者にとっては割安な金額になるが、リスクの小さな加入者にとっては割高になる。それは、図7で与えられた二タイプの保険料P_HとP_Lの間になる。したがって、スピード運転をする人たちはその保険に喜んで加入しようとするが、安全運転をする人にとっては保険加入は得にならないかもしれない。後者のタイプの人たちにとっては、保険料の方が事故によって被る損失とその可能性から計算される期待費用よりも高くなるため、保険加入をやめようとするかもしれない。安全運転の人の一部が保険に加入しなくなると、保険加入者全体に占める危険な運転をする人の割合が大きくなり、上述した平均的な事故確率に基づく保険料では支払い保険金をカバーできなくなる。結果的に、保険会社は損失を被るため、こうした自動車保険を提供できなくなる。

現実には、安全運転と危険な運転とリスクの大きさが二つだけではなく、連続的に異なっている。その場合にも保険会社が加入者のリスクを識別できないならば、上述してきた議論は成立する。平均的な事故確率に基づいて計算された保険料では、安全運転のタイプからより多く保険に加入しなくなるため、残った保険加入者全体でのリスクは大きくなっていく。保険会社はこれまでの保険契約では利益を得られないため、保険料を引き上げることになる。この保険料の引き上げによって、次に安全運転の人が保険に加入しなくなるため、保険会社はさらにリスクの増大に直面する。こうした悪循環によって、効率的な保険の提供がなされなくなり、競争的な自動車保険市場が存在しなくなる可能性がある。これが逆選択問題である。

モラルハザードがもたらす行動変化

モラルハザードは、保険の対象になっている事故を保険加入者が故意に発生させて、保険金を詐取《さしゅ》しようとすることをいう。たとえば、火災保険を掛けた建物に放火し保険金を受け取ろうとする事件は昔から多くある。これは犯罪になるが、情報が不完全である場合には、保険会社はそれが故意による事件かどうかを立証できなければ、保険金を支払わなければならない。経済学ではモラルハザードの意味をより広くとらえて、保険加入者の行動が保険加入によって加入前と異なることをいう。たとえば、火災保険に加入した人が、火災予防のための注意義務を怠るようになったり、自動車保険に加入したことによって注意散漫な運転を行うこともその一例である。モラルハザードも逆選択と同じような問題を生じさせる。

保険会社は、事前に予測する加入者の事故確率に基づいて保険契約を計算し提示する。しかし非対称情報の下では、保険会社は保険加入者の行動を完全に知ることはできない。すなわち、加入者の行動を監視するには高い費用がかかり不可能になる。一方、自動車保険への加入は人々の運転上の注意義務に影響を与えるかもしれない。すなわち、万が一事故が起きたとしても、それによる損害が保険でカバーされるならば、人々はみずからの不注意やスピード運転によってもたらされた損害に対して責任を負うことがないため、保険加入前よりもスピードを出したり、向こう見ずな運転をするかもしれない。

たとえば、急な用事ができた時など、保険加入する前には少なくとも（心理的費用や時間的費用を含めて）費用がかかっても安全運転に努めようとするが、保険加入している場合には急いで目的地に到達しようとする。そうした保険加入者の行動変化は事故確率をより高めることになる。

こうしたモラルハザードによる事故確率の上昇は、事前の事故確率に基づいて提示された保険契約が保険会社に損失をもたらすことを意味し、保険会社がより高い保険金を求めることになる。そうした保険契約は、加入者により強いモラルハザードを引き起こし事故の発生確率を高めることになる。こうしたモラルハザードのために、多くの保険市場が実際に存在しなかったり、十分の保険が供給されなくなるのである。

非対称情報下での市場が直面する逆選択とモラルハザードの問題については、たとえば、『非対称情報の経済学』（前出）を参照されたい。

三　グローバリゼーション下の政府の役割

前節では、情報が非対称である場合には、市場経済が効率的な資源配分をもたらすように機能しない、すなわち市場の失敗が生じるということを示した。こうした市場の失敗は政府介入の理論的根拠を与えることになる。しかし政府は民間経済の企業、家計、また市場にどのような影響を及ぼすのだろうか、またどのように影響を与えるのだろうか。政府とは何か、また政府行動はどのように決定されるのか。こうした問題は公共経済学の分野で論じられる。

スティグリッツは、アマースト大学では経済学原理、ミクロ経済学、マクロ経済学など四科目経済学の授業を受けているが、それらの授業から経済政策、比較経済制度とくに市場社会主義に対する関心を持つようになった。また漠然としたものであったが、アメリカにおける貧困と途上国の極貧の問題がスティグリッツの頭の中にあり、これらが公共経済学の研究につながる。本格的な公共経済学分野の研究は、イェール大学でピーター・ミンチコフスキーと行った「財政学」講義の頃からはじまるが、それらの研究はケンブリッジ大学のアンソニー・アトキンソン（現オックスフォード大学教授）との共著で大学院生向けの教科書（A.B.Atkinson and J.E.Stiglitz, *Lectures on Public Economics*, McGRAW-HILL, 1980）としてまとめられている。

さらに、スティグリッツの政府活動や政策に対する考えは『スティグリッツ　公共経済学』（東洋経済新報社）（Joseph E. Stiglitz, *Economics of the Public Sector*, Third Edition, 2000）に詳しい。これらは現実の政府活動や税制に興味のある人にとっては必読の書である。翻訳書（上）は政府また政府支出一般について、また社会保障、年金、医療、国防など、さまざまな政府支出の経済分析であり、（下）は税制についてであり、日本の税制を考える上での有用な書である。

〈図8〉 外　部　性

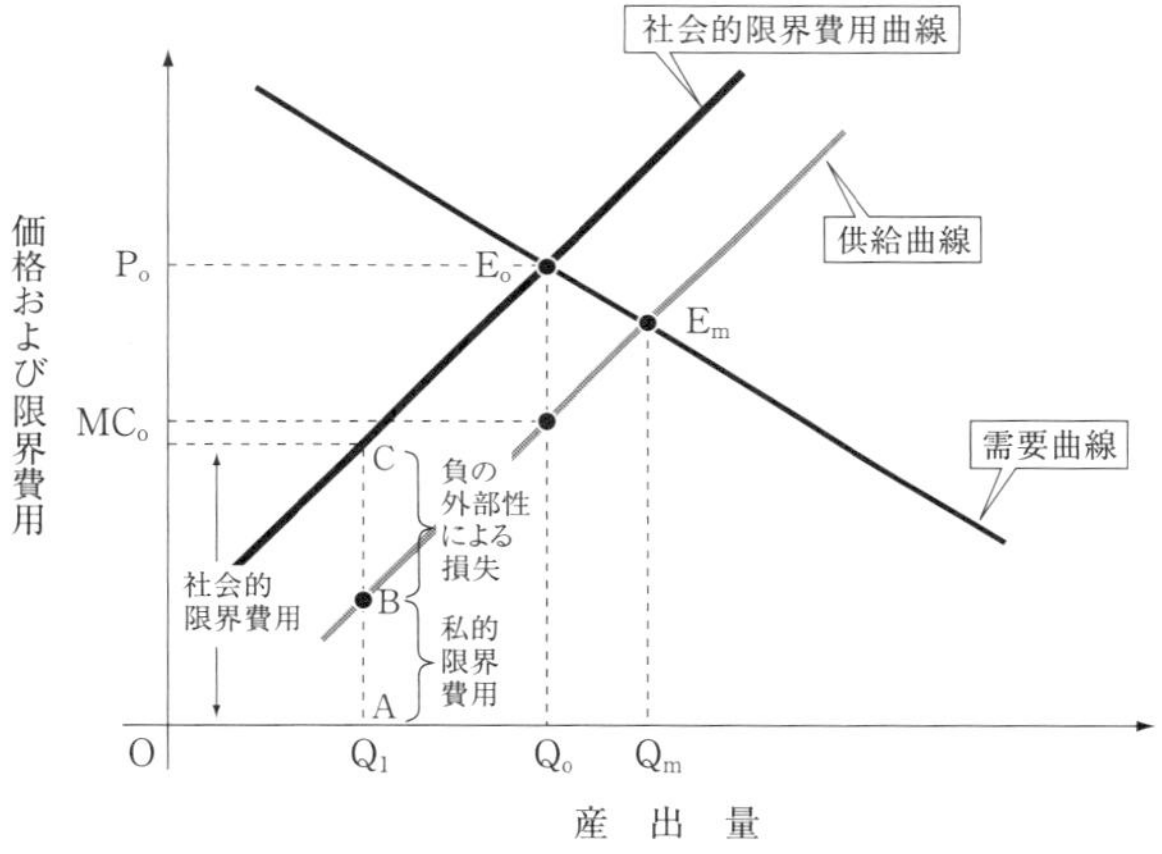

外部性を補正する

市場の失敗には、情報の不完全性のみならず、外部性、公共財、競争の失敗、調整の失敗がある。こうした市場の失敗が生じる場合には、競争的な市場経済が効率的な資源配分を実現しないのである。

外部性が存在する場合には、個々の経済主体の行動は、市場を通じることがなく他の経済主体の費用や便益に直接的影響をもたらす。他の経済主体の便益を減少させたり費用を増加させるような行動は、負の外部性をもたらすケースであり、生産過程で大気や河川を汚染する企業活動である。逆に、他の経済主体の便益を上昇させたり費用を減少させるケースは正の外部性になる。民間部門の経済主体は私的損失（または便益）だけに基づいて生産や消費を決定するが、社会的に最適な水準は社会的損失（または便益）に基づかなければならない。以下では負の外部性のケースについて図を用いて説明してみよう。

図8は、生産過程で大気汚染のような負の外部性をもたらす財の市場であり、横軸に産出量を、また縦軸に価格および限界費用をとっている。本図の需要曲線と供給曲線は図5のそれらと同じである。したがって企業が私的利益を最大にするように生産活動を行う時には、市場においては需要曲線と供給曲線の交点E_mで与えられる生産量Q_mが供給され、かつ需要されることになる。しかし供給曲線は企業が私的に支払う費用だけを考慮したものであるため、この産出量は社会的に最適な水準ではなくなる。

外部性は私的費用と社会的費用とを乖離させる。供給曲線は企業の限界費用に対応しており、各産出量水準での限界費用を示している。たとえば、産出量水準がQ_1である時、生産をもう一単位増加させるために企業が追加的に支出する費用は図のＡＢの長さで示される。これは私的限界費用である。しかしこの追加的な生産は他の経済主体に損害をもたらすことになり、図のQ_1水準でのそれはBCで示されている。したがって追加的な生産が社会全体にもたらす費用、すなわち社会的限界費用はAC（＝AB＋BC）となり、私的限界費用を上回ることになる。

この生産物に対する社会的評価は図5と同様に需要曲線で示される。需要曲線は、追加的な消費から受ける限界便益、すなわち消費者がもう一単位財を購入するためにどれだけの金額を支払ってもよいと考えるかを示している。したがって社会的に望ましい産出量は、需要曲線と社会的限界費用曲線の交点E_0で与えられ、その産出量Q_0では限界便益が社会的限界費用に等しくなる。消費者が追加的な購入のために支払ってもよいと考える金額は、社会全体にとって追加的に必要となる費用とちょうど一致するのである。図から明らかなように、負の外部性のケースには、社会的限界費用が私的限界費用を上回るため、市場経済で供給される産出量Q_mは社会的に望ましい水準Q_0を上回り、民間企業は過剰な生産を行うことになる。

逆に、正の外部性のケースでは、ある企業の生産が他の経済主体に便益を与えるため、社会的限界費用は私的限界費用を下回ることになる。この時民間市場で供給される生産量は社会的に望ましい水準よりも少なくなるということは、図8と類似の図を描くことによって容易に理解できるであろう。

このように外部性が存在する時の政府介入の方法として、古くからピグーの補正税が提唱されてきた。近年においても、地球温暖化対策として提案されている炭素税もこの一例とみなすことができる。この政策は、生産活動が他の経済主体にもたらす損害に対応する税金を当該企業に課すことによって、社会的費用を全額企業に負担させようと（すなわち、内部化）するものである。たとえば、産出量がQ_1水準である時には、政府が企業にBCだけの税金を課すことによって、企業の支払う限界費用がABでなくACになるのである。すなわち、こうした課税によって企業の負担する限界費用が社会的限界費用に等しくなる。その結果、市場での産出量は社会的限界費用曲線と需要曲線との交点E_0で与えられる。その時の産出量はQ_0であり、消費者が支払う価格はP_0である。ただし、生産者が受け取る価格はMC_0に等しくなる。

政府は、課税でなく生産量規制によっても、社会的に望ましい産出量を達成することができる。すなわち、民間企業にE_0の水準まで生産を認めるのである。この生産規制では、市場価格はP。であり、これは消費者が支払う価格であり、かつ生産者が受け取る価格である。課税の場合には税額分が政府の収入になるのに対して、生産規制の場合には税に対応する金額が企業の収入になるのである。

これらの政策はいずれも政府が直接生産に従事するのではなく、民間企業の活動や市場に政府が間接的に介入し、社会的に最適な産出量を実現しようとするのである。しかしそれが実現されるためには、政府は企業の生産活動や費用構造、また外部性によってもたらされる損害について完全な情報を持たなければならない。企業行動や市場について政府は企業ほど多くの情報を持たず、企業と同様に不確実性にも直面している。こうした政府と民間との間での情報の非対称性は、政府の失敗をもたらす大きな原因となる。

公共財供給のための介入

公共財とは、多くの人々が同時に消費することができる財であるが、各個人の消費量が他の人の消費によって減少することがなく（消費における非競合性）、かつ他の人が同時に消費することを排除することが難しい（排除不可能性）財・サービスのことである。公共財のこうした性質から、民間部門ではそうした財やサービスが供給されないか、または供給されたとしても過少になる。

こうした財については、その財を購入した人は、その財を同時に消費しようとする人にも便益をもたらすことになる。これは一種の正の外部性である。したがって個人がその財のもたらす私的便益だけを考慮に入れ、私的限界便益が価格に等しくなるように購入量を決定するが、すべての人々に及ぼす便益を考慮に入れた社会的限界便益と価格が等しくなる産出量が社会的には望ましくなる。このケースは、負の外部性を示した図8のケースとは逆になり、公共財の私的な供給は社会的に望ましい供給量に比べて、過少になる。

また公共財の消費においては他の人の消費が排除不可能であるため、他の人の購入する公共財を無料で用いようとするフリーライダー（ただ乗り）問題が発生する可能性がある。他の人が供給してくれると期待して、すべての人がフリーライダーになると、公共財が全く供給されなくなる。このように公共財については民間市場で私的に供給されることはないか、また供給されたとしても過少になる。したがって、そうした財の最適な供給のためには、政府が何らかの形で供給に関与するか、または地域的にまたは集団的に共同で供給しなければならない。政府が公共財を供給する際にも、政府は外部性で述べた非対称情報の問題をはじめ、以下で述べる政府の失敗に直面することになる。

さらには競争の失敗の場合には、市場が不完全競争になり独占企業などが価格支配力を持ち、完全競争市場のように効率的な資源配分がもたらされない。また調整の失敗の場合には、価格が新古典派経済学が想定するようにスムーズに調整されず、失業が発生したり、物不足や過剰生産などが生じることになる。こうした市場の失敗に対しても政府介入が有効となる。たとえば、独占のような不完全競争の場合には、競争を制約する要因を取り除いたり競争促進のための政策を導入する。また価格や賃金の硬直性が生じる調整の失敗のケースにも、競争促進政策が採用される。失業のようなマクロ経済問題が生じている場合には、政府は財政支出を増加したり減税を行うことによって、有効需要を創出しようとする。

政府活動にも限界がある

スティグリッツは、現実にはこうした市場の失敗が重要かつ普遍的な問題になるとし、こうしたケースにおいては政府が何らかの形で民間市場に介入する必要があると主張する。しかし政府介入の仕方は一様ではなく、市場の失敗がどのようなものであるかによっても異なってくる。公共財については政府が直接供給することが多いが、外部性については政府は、課税によって負の外部性をもたらす活動を抑制したり、補助金によって正の外部性をもたらす活動を促進しようとする。極端なケースでは、政府が生産量や消費量を定め、それを満たすように民間活動を規制することがある。

こうした政府の政策や活動に対して多くの批判が出され、むしろ政府介入を制約し政府活動の範囲を縮小し、政府企業などは民営化されるべきであると論じられてきた。これらはケインズ政策に対する批判として出されてきた。ケインズ経済学における政府は民間経済の欠点を修正するように合理的に行動する完全無欠な存在と考えられてきた。しかし現実の政府はそうした合理的な主体ではなく、その行動も首尾一貫したものではないことが多い。これは政府の政策決定が合理的な個人の決定とは大きく異なっており、政治過程を通じたものであり、経済的に望ましい結果をもたらすとはかぎらない。ジェームス・ブキャナンなどによれば、現実の議会民主制によって決定される財政政策は、財政赤字とインフレをもたらすことになり、あたかも賢人が社会全体のことを考えて決定するケインズ政策とは大きく異なると主張してきた（ブキャナンは、公共選択の理論における業績で一九八六年にノーベル経済学賞を受けている）。

スティグリッツは、政府の介入またはケインズ的な経済政策の必要性を認めるが、その際に直面する政府の失敗を強調する。そして政府および政治過程においても、市場と同じように情報の不完全性・非対称性が重要な問題となるため、政府介入によって効率的な資源配分を達成することは容易なことではない。すなわち、民間経済において市場の失敗があるごとく、政府活動にも失敗がある。

リチャード・マスグレイブは、政府の果たす役割を配分機能、分配機能、安定化機能の三つの独立な機能としてとらえ、それぞれの目標を担当する政府当局はそれらの目標を互いに独立に追求すればよいと主張した。しかし政府が情報の不完全性・非対称情報に直面している場合には、それら三つの目的は互いに独立したものではなく、政府はトレードオフ関係に直面することが多くなる。たとえば、所得分配を平等にしようとする累進課税制度のような政策は、人々の労働意欲や貯蓄意欲を減退させることになり、効率性を低下させ、生産性や経済成長を低めるかもしれない。逆に、たとえば医療のような分野で、費用の自己負担を増やし効率性を高めようとする政策は、貧しい人の生活をより悪くする可能性がある。したがってスティグリッツは、政府も直面するこうしたトレードオフを考慮に入れ慎重な政策決定がなされなければならないと主張する。

政府が政策決定を行う場合には、民間経済における企業や家計についての情報が必要になる。また政策が民間経済に及ぼす効果は、企業や家計がその政策にどのように反応するかによって左右されるが、政府はそれらの経済主体の反応について完全な情報を持っていない。まさに政府は非対称情報の問題に直面するのである。また政策の決定および実行過程においても、情報の不完全性が重要な役割を果たす。

さまざまな政策や規制の決定は議会でなされるが、そうした政治的決定は経済の論理通りには行われない。さらには、決定された政策が目的通りに実施されるかにおいてもさまざまな問題がある。政策を実施するのは官僚機構を通じてであるが、政策を決定する議会とそれを実施する官僚とは一種のプリンシパルとエージェントの関係にある。この間にも非対称情報が存在し、議会は官僚の行動を完全に監視することはできないため、決定された政策が意図したように運営されないかもしれないのである。

スティグリッツは、政府か市場か、というように二者択一の制度としてそれらを対立させて考えるのではなく、それらが補完的な役割を果たしながら、経済効率および公平性を高めることができると考える。政府の役割と限界に対するスティグリッツの考えは、クリントン政権などでの経験に裏付けされたものである。

四　スティグリッツ政治経済学の新展開

前節までは、スティグリッツが発展させてきた「情報の経済学」や「公共経済学」がどのようなものであるかを解説した。そこでは、情報の不完全性・非対称性が市場経済および政府・公共部門の活動においてどのような役割を果たしているのか、また市場経済が新古典派経済学の主張するように効率的に機能しているのか、などの問題を論じた。本節では、スティグリッツの新たな研究領域について論じる。これは、スティグリッツがこれまでの研究に基づきつつ、アメリカ政府や世界銀行での実務経験を通じて発展させようとしているアプローチであるが、新古典派経済学を超えようとする、スティグリッツ政治経済学と呼べるものである。

一九八〇年代以降グローバリゼーションは急速に進んできたが、すでに述べてきたようにスティグリッツ自身もそれを体現したような存在であった。二〇歳代から世界各国を巡り多くの学者との共同研究を行い、知識の交換を行うと共に、現実の経済制度をつぶさに見て歩いてきた。またグローバリゼーションが世界的に多くの問題を生み出した九〇年代においては、経済諮問委員会委員長および世界銀行上級副総裁としてさまざまな問題に対処し、かつ多くの疑問を投げかけてきた。また九七年に生じたアジア通貨金融危機においてIMFを厳しく批判したことはよく知られている。

こうしたさまざまな経験からスティグリッツも多くのことを学び、彼自身の経済学を新たな方向に進展させてきているが、早稲田での講義も彼のそうした豊富な経験と新たな学問的発展を反映させたものであった。スティグリッツが新たに発展させようとする経済学は、これまでの経済学の枠を広げ、政治学や社会学などの知見を取り入れ、他の社会科学と融合させようとするものである。以下においては、グローバリゼーション下でわれわれが直面する問題に対して、スティグリッツが新しい観点からどのようにアプローチしようとしているか、について触れることにする。

国際間取引ルールという国際公共財の必要性

グローバリゼーションは、世界の各国経済が統合され、貿易、すなわち生産物である財・サービスの輸出入、および生産要素である労働や資本の国境を越えた移動が増大する過程である。こうしたヒト・モノ・カネの国際移動は歴史的に古くから行われてきたが、グローバリゼーションは過去数十年の間に急速に進展してきた。これは、情報技術や交通システムなどの技術革新によって通信・交通のための費用が大幅に低下したことによってもたらされてきた。また各国政府が貿易や為替、資本・労働の流出入に課してきたさまざまな規制を撤廃してきたことにもよる。

こうした自由化また国際化は、自国の利益のために自発的に推し進められることもあったが、海外からの圧力による場合もあった。そのためグローバリゼーションはすべての国またすべての国民に便益をもたらすのではなく、一部の国また国民に対しては損害を与えることになった。スティグリッツは、グローバリゼーションの持つ利点を認めつつ、それのもたらすマイナス面を指摘し、途上国などは自由化・国際化に慎重に対応する必要があることを強調する。

グローバリゼーションは国内取引と異なり、国境を越えた経済取引や紛争解決に関する新しいルールや政治経済制度を必要とする。国内では経済取引は定められたルールに従って行われ、また政治的・社会的問題は国内制度に基づいて解決される。政府は、ルール違反が生じた場合にどのように対処するかを定め、また違反が起こらないように国民の行動を監視することになる。こうしたルールすなわち制度は一つの公共財である。すなわち、国民がすべて利用することができ、またある人がそれを利用したからといって、他の人が利用できなくなるわけではない。むしろ多くの人が同じ制度に従うことによって、すべての国民がより多くの便益を受けることができる。

同じように、国際間での経済的かつ政治的取引においても、世界の多くの人々が合意する制度が効率的かつ公正な取引のために必要である。こうした制度は国際公共財である。異なったルールが支配している国家間での取引において、すべてが合意する国際間取引ルールがない場合にはさまざまな問題が生じる可能性がある。グローバリゼーションは、貿易や国際金融に関する制度のみならず、地球環境や地域紛争などの政治的問題を解決するための制度の確立を緊急の課題としている。

すでに指摘したように、公共財は民間市場によっては適切な量の供給が行われず、何らかの形で政府が介入する必要がある。チャールズ・キンドルバーガーは、一九八五年のアメリカ経済学会で「世界政府がない下での国際公共財（International Public Goods without International Government）」という会長講演を行った。彼が指摘したことは、グローバリゼーションと共に上述したような国際公共財が不可欠になるということであり、またそうした国際公共財については、国内のように確固とした世界政府がない下ではその供給が難しいということである。現在、国際連合のような国際機関や、ＩＭＦ、世界銀行などの国際金融機関は存在するが、それらは各国の政府や中央銀行のような権限も力も持っていないため、依然としてわれわれはキンドルバーガーが指摘した問題に直面している。

しかし二一世紀においてはグローバリゼーションがさらに推し進められるため、われわれは国際公共財的な視点を重視したアプローチから世界経済を考えなければならず、またそのアプローチはたんに経済学的なものではなく、政治学、国際関係学、社会学、人類学をも取り入れた政治経済学的なものである。こうした国際公共財に関しての広い見方を提示する文献としては、Inge Kaul, et al. ed. *Global Public Goods: International Cooperation in the 21st Century*, Oxford University Press, 1999およびInge Kaul, et al. ed. *Providing Global Public Goods: Managing Globalization*, Oxford University Press, 2003などがある。

経済改革と発展への道程

グローバリゼーションによって最も大きな影響を受けたのは旧社会主義国であろう。一九八〇年代末からの旧社会主義国の崩壊はグローバリゼーションによって引き起こされたものであり、それらの国においては市場経済に向けた大改革が避けられないものとなった。たとえば、ＩＭＦはロシアなどに対して急激に市場経済に移行するように「ショック療法」の採用を提言してきた。しかし市場経済が機能するためには、そのためのルールや制度が不可欠であり、そうした制度を確立しかつ効率的な政策運営を行うためには、公正かつ効率的な政府が不可欠である。現実には、旧社会主義国には完全無欠な政府は存在せず、汚職や不正が頻発していた。スティグリッツは、この

「ショック療法」に基づく新古典派経済学では、情報の不完全性に加えて、機会主義的な行動や人間の過謬性などが無視されているだけでなく、政府の失敗が重視されていないことを指摘する。

また途上国の中には、グローバリゼーションの結果、生産量が減少すると同時に貧困の拡大が見られる国があった。これらの国においても、経済発展のための改革が望まれたが、これらの国の経済改革についても、ワシントン・コンセンサスに基づくアメリカ政府やＩＭＦなどの国際機関から多くの提言がなされてきた。しかしそうした政策提言は必ずしも成功しなかった。そうした過程でグローバリゼーションに対する反対運動も高まったが、一九九九年一一月にシアトルで行われたＷＴＯ閣僚会議の暴動でピークに達した。

しかし本講義でも明らかなように、スティグリッツはこのワシントン・コンセンサスに基づく政策には一貫して反対し批判してきた。その批判の根拠として、新古典派経済学が前提とする市場条件が途上国や旧社会主義国では満たされておらず、情報は不完全でありかつ市場は必ずしも競争的でないことを挙げ、完全市場のための制度を確立するには時間がかかると主張してきた。またアメリカをはじめ、歴史的に経済成長に成功した多くの例で政府が重要な役割を果たしてきたことをも指摘する。多くの途上国や旧社会主義国が厳しい経済状況を経験する一方で、中国経済は近年急速な成長を達成してきたが、それは、中国がワシントン・コンセンサスに基づく政策とは異なる経済政策を多く実施してきたことによるとする。また「東アジアの奇跡」と呼ばれた経済発展において国家が果たした役割は大きく、一九九七年に東アジアの危機があったとしても、そのことを否定することはできない。むしろ自由化に対応できるような基盤が準備できないうちに、過去の政策を急速に撤廃し自由化に対して誤った対応をしたことが、経済危機をもたらしたとする。

スティグリッツは、さらにより広い観点から経済発展をとらえようとする。それは、たんにGDPのような経済的な尺度でとらえるのではなく、民主的社会の形成を目指す社会変革のプロセスとみなすべきであり、環境の持続可能性、平等、民主主義などの要素をも含むべきである。こうした社会的発展の成功は、何らかの政策で瞬時に達成されるのではなく、広範な国民の参加によって国民全体のコンセンサスを変化させるような地道な改革の蓄積によって実現される。したがって経済発展のためには、ワシントン・コンセンサスが提示するような「貿易自由化、マクロ経済安定、価格規制の撤廃」などの政策は必要であるとしても、それらだけでは不十分であり、「健全な金融規制、競争政策、技術移転の円滑化、決定プロセスでの透明性の促進」など、より広い経済社会制度を実現するための政策が実行されなければならず、そうした改革は漸進的に推し進めなければ、成功しないと主張する。

より安定した未来のために

スティグリッツは、東アジアの経済危機の原因として、銀行規制の未熟さや透明性の欠如などの制度的欠陥があることは認めるが、それだけでは危機を説明することができないと主張する。現実はより複雑であり、インドネシアや韓国では、資本の自由化によって海外からの借り入れが可能になったため、海外に対する累積債務が拡大した。また意思決定プロセスでの透明性が確保されていれば金融危機が生じないというわけではない。スカンジナビア諸国では金融機関の透明性が比較的保たれているが、一九八〇年代には金融危機は避けられなかった。一方、透明性の面で劣るといわれるドイツでは過去数十年間金融危機を経験していない。さらには、政府の誤った政策が原因となることがあり、それらはＩＭＦなどによって奨励された政策でもあった。また海外投資家（または彼らの投資顧問）の非合理な楽観主義と悲観主義が危機を生み出してきた。このように金融危機は多くの要因が複雑に絡み合って生じており、その原因は国によって異なるため、ＩＭＦのように同じ処方箋をすべての国に勧めるのはナンセンスであると批判する。

そして金融危機管理政策としては、長期的には政府は私的リスクを社会的リスクに一致させるように介入すべきである。より具体的には、低所得国に民間資本を流入させ、資本流入の順循環的な変動を小さくするように資本移動の動きに影響を及ぼしたり、また長期資本の流入を促進するように流入資本の構成に影響を及ぼす必要がある。さらに、国内での破産法のように、貸し手も責任を持って貸し付け決定を行わせる制度を国際的にも確立する必要があると主張する。

スティグリッツは、国際金融機関は途上国の自主性を重んじ、国内からの改革を促すように対応すべきであり、かつ政治的・社会的改革が同時に推し進められなければならないと主張する。すなわち、世界銀行などが「普遍的な政策」また「最高の実績」を伝えるという形での知識や技術の移転は、途上国に自信、自尊心、自己実現力を失わせることになり、悪循環をもたらすことになる。途上国は、政策論議に加わることがなくなるため、自ら積極的に学ぼうとする意欲がなくなり、依存心が増えることになる。

社会変革は、外部から命令されるものでも強制されるものでもなく、社会全体の思考方法の変化から生まれ、国民の参加によって実現される。このように参加を高めるためには費用が伴い、たとえば、決定に至るまでの時間が長くなるが、そうした過程を経た決定は、その持続性を増すと共に、社会の安定に寄与することになる。

またこうした政策決定過程への参加は選挙ということだけでは不十分であり、民主的な決定過程では「透明性」が保証されなければならないと主張する。これらを増すことは、権力が濫用される可能性を減少させるという価値を持つだけでなく、基本的人権の一つでもある「知る権利」を護るという本質的価値をも持つ。逆に、権力の座にある者は、秘密を保持しようとするインセンティブを持つ。たとえば、それらは政策ミスを隠蔽するため、特殊利益集団の行動を保護するため、レント（雇用）を生み出すため、現職者を有利な立場にするため、また民主的参加を抑制するためである。こうしたインセンティブが強固である場合には、情報公開法、献金の公開、報道の自由というような制度だけでは不十分であり、フォーマルな法制度だけで透明性を達成することは難しい。そのためには一般的に「透明性を求める文化基盤」という社会資本の形成が必要となる。こうした民主社会を確立するためには、教育の改善、情報インフラへの投資、政府や政治制度および法制度の改善、完全雇用政策、有効な競争政策など、さまざまな政策や制度変革が必要とされる。

本項で論じてきた彼の経済学の発展過程からすると、スティグリッツが、前節で論じたような問題を解決するためには新古典派経済学だけでは不十分であり、シュムペーターやハイエクなど、これまで異端とされてきた経済学、および政治学、社会学、心理学など、他の社会科学から学ぶことが多くあり、新古典派経済学の領域から大きく経済学を拡張すべきであると主張するのは当然のことに思われる。スティグリッツ講演録集（Ha-Joon Chang ed. *Joseph Stiglitz and the World Bank: The Rebel Within,* Anthem Press, 2001）では、新しい政治経済学の発展とそれに基づく社会改革への提言の必要性を熱く説いている。

こうしたスティグリッツ経済学の進展、およびその幅の広さと柔軟さは、彼が若い二〇歳前後で受けた、リベラルアーツ・カレッジであるアマースト大学での教育によるものではなかろうか。彼は、そこでは物理、英文学、経済学、歴史、数学などを並行して学んだのである。二一世紀の日本の大学教育を考える場合、こうした幅広い学部教育が目指す一つの方向になると思われる。

あとがき

本書では、スティグリッツ教授の早稲田大学での講義に加えて、非対称情報の経済学、および「スティグリッツ氏の経済学がどのように進展しているか」について論じてきた。彼の経済諮問委員会や世界銀行での活動に見られるように、スティグリッツ教授の業績は、たんにアカデミックな領域だけでなく、実際の経済発展、とくに途上国の進展に貢献しようとしたものである。講演会に先立ち、こうした幅広い活動を行ってきたスティグリッツ教授に対して早稲田大学は名誉博士を授与した。すなわち、「グローバリゼーションが急速に進む社会に向けた学生を育成し、かつアジア地域におけるる教育研究のネットワーク作りに努める」早稲田大学としては、スティグリッツ教授に名誉博士の称号を贈呈することを時宜にかなっているとしたのである。

本講義を主催した二一世紀COEプログラム「開かれた政治経済制度の構築」はまた、スティグリッツ教授が展開しようとする政治経済学的アプローチと軌を一にするものである。すなわち、研究目的は次のようにまとめることができる。

「二一世紀に入り、われわれは依然として、国内での経済的難題に加えて、平和を維持し、地球環境を守り、国際経済体制を堅持することなど、多くのグローバルな課題に直面している。個人や企業などが国境を越えて行き来する現代社会においては、一国の政府の政策はその国に住む人々だけでなく、地球上の他の地域で活動している人々にも影響を及ぼしている。早稲田大学の二一世紀COEプログラム『開かれた政治経済制度の構築』は、このように政治的にも経済的にも国際的に強く依存しあう『開かれた』国家社会の間の紛争解決、制度の確立、政策協調のための理念を探求することを目的としている。

このプロジェクトでは、世界についての知識を進歩させ、よりよい政治経済システムを作りあげる上での具体的な提言に結びつくことを目標に、われわれ自身が学術分野の境界を超え、公共哲学、経済理論と政治理論、統計的かつ計量的分析、実験ゲーム分析などの専門知識を統合し、学問的にも『開かれた』新しいアプローチを開発することを目指している」

スティグリッツ氏は若い時から世界各国を旅行し、それぞれの国の経済社会制度を実際に見、それらから多くのことを学んできた。日本にも一九七〇年以降何度となく訪れ、多くの大学でセミナーや講義を行ってきたが、そうした多忙なスケジュールをぬって京都などに遊ぶことを好んだ。近年でも年に一度は来日しているが、今回の講演会についても昨年の来日時に依頼したものである。それ以来、スティグリッツ教授の招聘のための日程調整については、早稲田大学総長室長の伊藤孝氏をはじめとした事務局の方々、また講演会の詳細な企画については政治経済学部の荒木一法助教授に大変お世話になった。また本講演会開催については、政治経済学部の当時の事務長であった林宏幸氏、COE-GLOPE事務局の鈴木明子さんをはじめ多くの大学院生にご協力を頂いた。またCOE-GLOPE事務局長である船木由喜彦教授をはじめ、すべてのメンバーからの強力なサポートを得たが、そうした人々の協力がなければ本講義は成功しなかったであろう。すべての皆さんに感謝したい。最後ではあるが、藪下は科学研究費からの助成金を受けていることを記しておきたい。

藪下史郎

講演中のジョセフ・E・スティグリッツ教授

※写真は、早稲田大学広報課より
提供を受けています。

藪下史郎（やぶしたしろう）

1943年兵庫県生まれ。東京大学経済学部経済学科卒業、同大学院経済学研究科に進学。その後米国イェール大学大学院に留学。トービン、スティグリッツ両教授に師事。東京都立大学助教授、横浜国立大学教授を経て、現在早稲田大学政治経済学部教授、同学部長。著書に、『貨幣金融制度と経済発展』（有斐閣）、『金融システムと情報の理論』（東京大学出版会）などがある。

荒木一法（あらきかずのり）

1964年徳島県生まれ。早稲田大学政治経済学部卒業後、ケンブリッジ大学大学院理論経済学・計量経済学専攻修士課程、ならびにロンドン大学ユニバーシティ・カレッジ経済学専攻博士課程に留学。現在は、早稲田大学政治経済学部助教授。共著書に、『経済学入門』（東洋経済新報社）がある。

スティグリッツ早稲田大学講義録《わせだだいがくこうぎろく》　グローバリゼーション再考《さいこう》

2004年10月20日初版1刷発行
2011年6月30日　　2刷発行

編著者 —— 藪下史郎　荒木一法

発行者 —— 古谷俊勝

装　幀 —— アラン・チャン

印刷所 —— 萩原印刷

製本所 —— 榎本製本

発行所 —— 株式会社 光文社
東京都文京区音羽1-16-6(〒112-8011)
http://www.kobunsha.com/

電　話 —— 編集部03(5395)8289　書籍販売部03(5395)8113
業務部03(5395)8125

メール —— sinsyo@kobunsha.com

ISBN 978-4-334-03272-2

141
江戸三〇〇藩　最後の藩主
うちの殿さまは何をした？
八幡和郎
尊皇攘夷の嵐が吹き荒れる幕末の動乱期、一国の命運を握っていた最後の殿さまたちは、なにを考え、どう行動したのか？　江戸三〇〇藩無名の殿さままですべてを網羅。

142
大本営発表は生きている
保阪正康
太平洋戦争中、国民に向けて次々に発表された嘘の戦況報告・大本営発表。日本を解体寸前にまで追い込み、今なお日本人の心に巣喰う〝闇〟の実態に、昭和研究の第一人者が迫る！

143
技術経営の考え方
ＭＯＴと開発ベンチャーの現場から
出川通
優れた「技術」も、それが売れる「商品」にならねば意味がない。「モノ作り」日本の復活の起爆剤として期待される「技術経営（ＭＯＴ）」の方法論を、現場の視点で解説。

144
「今年も阪神優勝！」の経済学
高林喜久生
長年の虎の低迷も18年ぶりの優勝も、経済学的に見れば、必然だった!?　熱烈な虎ファンの経済学者が、「暗黒時代」「渋チン更改」「優勝の経済効果」の謎を解き明かす。

145
子供の「脳」は肌にある
山口創
「心」はどう育てたらよいのか——。どんな親でも抱く思いに、身体心理学者が最近の皮膚論を駆使して答える。子どもの「心」をつかさどる脳に最も近いのは、じつは肌であった。

146
東京のホテル
富田昭次
高級外資系ホテルの進出で一気に注目度を増す東京のホテル。「ホテルでどう暮らすか」から「住まうホテル」まで、豊富な取材からホテルでの全く新しい時と場所の使い方を知る。

147
絵を描く悦び
千住博の美術の授業
千住博
一番大事なのは「何を描かないか」——世界で評価が高まり続ける日本画家である著者初めての書下ろし。美術のみならず芸術を志すすべての人のための芸術原論。

148
哈日族《ハーリーズー》
なぜ日本が好きなのか
酒井亨
お手本は日本のドラマ？ アイドルおっかけから流行ファッションの模倣まで、アジアで広がる「日本大好き族」。哈日族現象発祥の地から読む、台湾・日本・アジアの行方。

149
墜ちない飛行機
安全なエアライン、機種を選ぶ
杉浦一機
もし今のペースで航空輸送量が伸び続け、七〇年以降横ばいが続く事故率が下がらなければ二〇一〇年には一週間に一件重大事故が起きる？ ヒヤリ事故から危険性を見抜く！

150
座右のゲーテ
壁に突き当たったとき開く本
齋藤孝
「小さな対象だけを扱う」「日付を書いておく」「論理的思考を封印する」――本書では、ゲーテの〝ことば〟をヒントにして、知的で豊かな生活を送るための具体的な技法を学ぶ。

151
「平和」の歴史
人類はどう築き、どう壊してきたか
吹浦忠正
有史以来、世界で戦争がなかった年はわずか十数年といわれる。なぜ人類は平和を維持することができないのか――本書は、「平和」を軸に歴史を考察する初めての試みである。

152
「みんな」のバカ！
無責任になる構造
仲正昌樹
われわれが何気なく口にしている「みんな」とはいったい誰のことか？ 稀代の俊英が、「みんな」というキーワードから現代社会の「病巣」、現代人の陥っている「空虚」に迫る。

153
会社がイヤになった
やる気を取り戻す7つの物語
菊入みゆき
「がんばっているのに結果が出ない」「会社の〝出世コース〟にのっていない」「上司とうまくいかない」――そんな貴方の失われた「やる気」を取り戻す7つの物語。

154
猫はなぜ絞首台に登ったか
東ゆみこ
18世紀のヨーロッパで起こった猫の逆さ吊り事件。なぜ、猫が有罪になり、吊され、人々から笑われたのか。古代までさかのぼって見えてきた意外な思考の形。

155
リフォームを真剣に考える
失敗しない業者選びとプランニング
鈴木隆
強引な契約、法外な費用、ずさんな工事——悪質なリフォーム業者にひっかかることなく、満足できるリフォームを実現するには？ 11万人の実績からわかったポイントを大公開！

156
ナンバの身体論
身体が喜ぶ動きを探求する
矢野龍彦　金田伸夫
長谷川智　古谷一郎
ナンバ走りなど古武術の動きをバスケットボールに取り入れて成功した桐朋中学・高校のコーチ陣が、その導入プロセスを公開。表面的な模倣に終わらず、動きの本質をつかむには？

157
明治・大正・昭和 軍隊マニュアル
人はなぜ戦場へ行ったのか
一ノ瀬俊也
明治期から太平洋戦争期にかけて、数多く出版された軍隊にまつわる「マニュアル」集。これを検証することで、軍隊という巨大な存在に対する当時の人々の心の襞が透けて見える。

158
ローカル線ひとり旅
谷川一巳
ローカル線の旅を味わうには極意が必要だ——しっかりプランを立ててから、行き当たりばったり。新幹線のない日本をたどる。汽車旅を味わえる車両を選ぶ。時刻表の行間を読む。

159
世紀の誤審
オリンピックからW杯まで
生島淳
なぜかスポーツの大舞台で頻発する信じられないような誤審の数々。単なるミスか？ あるいは意図的なものなのか？ 新進気鋭のスポーツライターが多面的な視点で解き明かす。

160
物語 古代ギリシア人の歴史
ユートピア史観を問い直す
周藤芳幸
文献重視の歴史観では捉えられなかったギリシア人の姿に、考古学的見地から迫る。古代ギリシアに生きた有名・無名の七人が問わず語りに紡ぎ出す、新しいギリシア古代史の世界。

161
組織変革のビジョン
金井壽宏
「道に迷ったときは、どんな古い地図でも役に立つ」「忙しいから絵が描けないのではなく、描けていないから忙しいだけだ」——本当に意味のある変革とは？ 根本から考える。

162 **早期教育と脳** 小西行郎

「三歳児神話」と相まって過熱する早期教育。しかし、乳幼児の脳について科学的に解明された部分は少ない。行きすぎた早期教育に警鐘を鳴らし、「普通の育児」の重要性を説く。

163 **スナップ・ジャッジメント** 瞬間読心術 内藤誼人

ビジネスマン必携！　外見や、表情、口グセなど、表に現れた〝個人情報〟から相手の性格を瞬時に見抜く「スナップ・ジャッジメント」の技術について分かりやすく解説した一冊。

164 **となりのカフカ** 池内紀

カフカ初級クラス・十二回講義。修了祝いにプラハ旅行つき──。カフカ全集の新訳を終えた池内紀が、「難解で、暗い」従来のイメージをくつがえす。楽しく読むカフカ。

165 **ブッダとそのダンマ** B・R・アンベードカル 山際素男 訳

インド仏教徒1億人のバイブル。不可触民解放の父・アンベードカルが死の直前まで全身全霊を込めて執筆した歴史的名著。インド仏教復興運動は本書から始まった。

166 **オニババ化する女たち** 女性の身体性を取り戻す 三砂ちづる

行き場を失ったエネルギーが男も女も不幸にする⁉　女性保健の分野で活躍する著者が、軽視される性や生殖、出産の経験の重要性を説き、身体の声に耳を傾けた生き方を提案する。

167 **経済物理学《エコノフィジックス》の発見** 高安秀樹

カオスやフラクタルという物理の理論が経済分析にも応用できることが証明され、新たな学問が誕生した。経済物理学の第一人者が、その最先端の研究成果を中間報告する。

168 **京都料亭の味わい方** 村田吉弘

「料亭は本来飯屋であり、敷居の高いところではありません。普通の人が、ちょっと贅沢しよか、という時に行ける場所です」──京都「菊乃井」の主人が語る、料亭の魅力のすべて。